AF314276

LE
MARÉCHAL EXELMANS

PAR

Le Général THOUMAS

LIBRAIRIE MILITAIRE BERGER-LEVRAULT ET Cⁱᵉ

PARIS | NANCY
5, RUE DES BEAUX-ARTS | 18, RUE DES GLACIS

1891

LE MARÉCHAL EXELMANS

NANCY. — IMPRIMERIE BERGER-LEVRAULT ET Cie.

LE
MARÉCHAL EXELMANS

PAR

Le Général THOUMAS

LIBRAIRIE MILITAIRE BERGER-LEVRAULT ET Cⁱᵉ

PARIS	NANCY
5, RUE DES BEAUX-ARTS	18, RUE DES GLACIS

1891

EXELMANS

Lorsqu'après la défaite de Waterloo la résistance opposée par
la France aux puissances européennes, coalisées de nouveau contre
elle, semblait irrévocablement domptée, les survivants de l'armée
vaincue, ralliés sous les murs de Paris, ne se laissèrent pas tous
aller au découragement. Parmi leurs chefs il y en eut un grand
nombre qui, sans calculer les faibles chances de succès qui pou-
vaient leur rester, étrangers aux agissements de la politique, n'eurent plus qu'une pensée : punir les envahisseurs du mépris qu'ils
affectaient pour les débris redoutables encore de la Grande-
Armée. En dépit des défaillances inouïes de la Chambre des re-
présentants et des visées coupables de la majorité du gouvernement provisoire présidé par Fouché, ces hommes eurent l'honneur
de tenir haut et ferme le drapeau de la France jusqu'à l'heure du
sacrifice inévitable. Un d'eux en particulier eut la bonne fortune
d'attacher son nom au dernier des combats soutenus contre les vain-
queurs de Waterloo. Après la révolution de 1848, Louis-Napoléon,
investi du pouvoir présidentiel, s'inspira de la légende napo-
léonienne pour constituer son gouvernement ; il appela alors à la
haute dignité de grand chancelier de la Légion d'honneur, avec la
tâche d'entretenir les traditions nationales, le général qui, dans la
campagne de 1815, avait, sous les murs de Paris, donné le dernier
coup de sabre et protesté à sa façon contre les faiblesses ou les
trahisons du jour. C'était justice ; le combat de Vélizy-Rocquencourt avait été pour le général Exelmans le couronnement d'une
carrière marquée par le dévouement le plus absolu au devoir militaire et par la droiture la plus inflexible : carrière brillante, puisqu'elle aboutit pour le général à la plus haute dignité de l'armée,

mais qui aurait pu cependant être plus belle encore si divers incidents n'étaient venus par moment en ralentir l'essor.

Exelmans (Remy-Joseph-Isidore) naquit le 13 novembre 1775 à Bar-sur-Ornain (Bar-le-Duc), patrie du maréchal Oudinot. Remarquons en passant que le département de la Meuse a vu naître depuis le rétablissement de la dignité de maréchal sous le premier Empire trois maréchaux de France, savoir : Oudinot et Exelmans à Bar, Gérard à Damvillers. Fils d'un honorable négociant, le jeune Exelmans fit de brillantes études, mais, malgré les supplications de son père, il interrompit ces études avec enthousiasme pour s'enrôler, le 6 septembre 1791, dans le troisième bataillon des volontaires de la Meuse commandés par Oudinot. Il n'avait pas 16 ans. Il entra dans la compagnie d'artillerie de ce bataillon, y devint sergent-major le 11 janvier 1792 et passa avec elle, lors de l'amalgame de 1794, dans la 34ᵉ demi-brigade qui concourut elle-même, en 1796, à la formation de la 43ᵉ, et fut nommé sous-lieutenant le 22 octobre 1796, lieutenant le 19 juin 1798. Il fit ainsi, de 1792 à 1796, les campagnes de l'armée de la Moselle et de l'armée de Sambre-et-Meuse. Il passa en 1797 dans l'armée d'Italie, avec la division Bernadotte, dont faisait partie la 43ᵉ demi-brigade. Lorsqu'après la signature du traité de paix de Campo-Formio une armée fut envoyée à Rome, sous les ordres de Berthier, pour venger la mort du général Duphot, le jeune Exelmans et sa compagnie furent classés dans cette armée. Jusqu'alors l'histoire n'a rien enregistré de particulier sur son compte ; il fit son devoir comme beaucoup d'autres avec zèle, dévouement et intelligence. Il faut croire cependant qu'il montra des qualités remarquables, puisqu'il fut choisi pour aide de camp par l'illustre général Éblé, nommé commandant de l'artillerie de l'armée de Naples qui venait d'être organisée sous les ordres de Championnet.

La tâche du général Éblé était des plus délicates : il avait à organiser les ressources nécessaires pour s'emparer des places de Gaëte, de Capoue et de Naples. Exelmans le seconda avec autant d'intelligence que d'activité. Gaëte ayant été prise par un coup de main, Éblé y réunit l'équipage de siège destiné à opérer contre Capoue, qui capitula le 11 janvier. L'armée française semblait ensuite devoir occuper sans difficulté la ville de Naples, en vertu d'une convention passée avec le roi Ferdinand, mais l'insurrection des lazzaroni obligea Championnet à tenter contre cette ville une attaque de vive force. Le général Éblé reçut l'ordre de disposer toute l'artillerie de l'armée pour foudroyer la ville et, quoique simple lieutenant, alors, Exelmans reçut le commandement de la batterie principale armée de canons de 12. La résistance de Naples fut domptée après une lutte opiniâtre (23 janvier 1799); Exelmans fut remarqué dans cette circonstance pour sa conduite énergique et fut pris alors pour aide de camp, mais sans désignation officielle, par le général Broussier chargé de faire la conquête de la Pouille sous les ordres supérieurs du général Duhesme. La Pouille et la Calabre furent promptement occupées et la victoire de San-Severo, due principalement à la cavalerie du général Forest, sembla décider du sort du pays. Mais les événements les plus graves vinrent modifier la situation de fond en comble. Le général Championnet, qui s'était mis en lutte ouverte avec les agents du Directoire, fut destitué et incarcéré; le général Macdonald, brouillé depuis longtemps avec lui, le remplaça dans le commandement en chef de l'armée et, rappelé dans le nord de l'Italie par suite de la défaite de Schérer, il prescrivit d'évacuer les provinces récemment conquises. En exécutant cet ordre, le général Duhesme laissa le général Broussier pour observer avec sa brigade les insurgés de la Pouille, qui occupaient les villes d'Andria et de Trani. Les dévastations exercées par ces insurgés devinrent telles qu'il fallut se décider à les attaquer. Le général Broussier en fut chargé, avec les 17e et 64e demi-brigades, les grenadiers de la 73e, le 16e dragons et six pièces d'artillerie légère. Il attaqua d'abord, le 21 mars, la ville d'Andria; une des portes fut enfoncée par l'artillerie et livra passage à une des colonnes d'assaut; une autre colonne enfonça une porte à coups de hache, une troisième colonne escalada les murailles, les habitants se firent massacrer en résistant avec la rage d'un désespoir fanatique. Exelmans s'était fait remarquer au nombre des plus intrépides pendant cet assaut meurtrier.

Le général Broussier se porta alors sur Trani, principale place d'armes des révoltés, entourée d'un mur bastionné, protégée par un petit fort régulier et défendue par plus de 8,000 hommes, matelots, corsaires ou anciens soldats de l'armée napolitaine. L'armée

française se présenta devant la place le 1er avril et commença le
feu le 2 au matin. Une première attaque, tentée par les grenadiers de la 64e, fut repoussée ; le capitaine qui les commandait,
atteint de deux balles à la fois, fut renversé au milieu de ses soldats, mais les chasseurs de la 7e légère, s'étant jetés à la mer avec
de l'eau jusqu'aux aisselles, grimpèrent dans le fortin par les em-
brasures. Excités par l'émulation, les grenadiers s'avancèrent alors
vers les murailles, dressèrent leurs échelles et montèrent hardi-
ment à l'assaut. L'aide de camp Exelmans s'était mis à leur tête ;
arrivé sur le parapet du bastion avec six grenadiers, il culbuta les
canonniers qui l'occupaient et fit tourner deux des pièces encore
chargées contre les assiégés qui, saisis d'épouvante, s'enfuirent en
désordre sur les remparts. Il était impossible de les devancer en
suivant les rues défendues par du canon et des coupures, mais en
montant sur les terrasses qui couronnaient le faîte de toutes les
maisons, les assiégeants, toujours précédés par Exelmans, arrivèrent
sur l'esplanade devant la citadelle, en même temps que les fuyards.
Il y eut un combat assez vif, plusieurs des insurgés furent tués
sur le pont-levis même de la citadelle, mais cet acte d'audace mit
fin à la résistance. Les défenseurs du fort essayèrent de s'embar-
quer, leurs barques furent prises à l'abordage, ou coulées bas, ou
échouées sur le rivage. Les habitants de Trani partagèrent le sort de
ceux d'Andría et furent tous passés par les armes. Après ce coup
de vigueur, les généraux Duhesme et Broussier, englobés dans la dis-
grâce de Championnet, furent destitués et incarcérés. « En seize
jours, écrivait plus tard le général Broussier au premier Consul, ce
général s'était rendu complètement maître du talon de la botte. Avec
2,000 hommes seulement et trois pièces de canon il avait pris 60
canons, 30 drapeaux et tué 16,000 révoltés, et le seizième jour il
eut pour récompense la destitution et l'emprisonnement prononcés
contre lui par le général Schérer, commandant en chef de l'armée
d'Italie, parce qu'il était l'ami de Championnet. « Le jeune Exelmans, dont la bravoure et l'énergie avaient été appréciées, fut nommé
le 13 avril 1799, par le général en chef Macdonald, capitaine à la
suite du 16e régiment de dragons ; c'est ainsi qu'il entra dans la
cavalerie pour ne plus la quitter.

Du mois d'avril au mois de juillet, le capitaine Exelmans suivit probablement le sort du 16ᵉ dragons, qui se fit remarquer dans le combat livré près de Modène le 12 juin et où fut tué Forest, le meilleur général de cavalerie de l'armée. Exelmans dut assister encore avec le 16ᵉ dragons à la sanglante bataille de la Trebbia qui dura trois jours (17, 18 et 19 juin) et où l'armée de Macdonald, forte de 30,000 hommes, fut écrasée par 50,000 Austro-Russes.

Cependant Championnet était rentré en grâce et avait été nommé au commandement en chef de l'armée des Alpes. Il y appela les généraux Duhesme et Broussier mis comme lui en liberté. Cette fois le capitaine Exelmans fut nommé officiellement aide de camp du général Broussier le 21 juillet 1799. Je ne trouve aucune trace du rôle qu'il remplit pendant la triste fin de la campagne de 1799, mais je vois qu'il ne fut confirmé dans son grade de capitaine que le 11 avril 1800 après trois mois de démarches actives faites par lui et le général Broussier. Lors de la formation de l'armée de réserve, au commencement de la campagne de 1800, le général Duhesme, revêtu du titre nouveau de lieutenant-général et commandant supérieur de la division Loison, dans laquelle se trouvait la brigade Broussier, fut chargé d'occuper la Lombardie pendant les opérations qui aboutirent à la bataille de Marengo et de tenir tête aux troupes autrichiennes venant de Mantoue. Le général Duhesme franchit l'Adda à Castelnuovo; le capitaine Exelmans passa un des premiers avec quinze hommes, et eut son cheval blessé sous lui. Quelques jours après, trompant la vigilance des sentinelles ennemies, Exelmans pénétra seul dans Gera près de Pizzighettone, reconnut un passage dans les fossés et conduisit le lendemain les troupes qui se logèrent dans la place. Enfin, dans une affaire qui eut lieu près de Crémone il fit à lui seul dix prisonniers du régiment de Bussi et tua le lieutenant-colonel de Curtius au milieu du régiment. Une décision du 24 juin 1800 le plaça à la suite du 15ᵉ régiment de chasseurs à cheval tout en le maintenant auprès du général Broussier, mais quelque temps après, ce général ayant quitté l'armée d'Italie, le capitaine Exelmans dut faire le service à son régiment.

Après la paix de Lunéville, le 15ᵉ chasseurs fut appelé à faire partie de l'armée d'observation du Midi, commandée en chef par Murat et chargée de surveiller le royaume de Naples. Murat prit alors pour aide de camp le capitaine Exelmans qui dut passer auprès de lui par décision du 21 mai 1801; il resta toujours, depuis, pour le brillant commandant de la cavalerie de la Grande-Armée et pour l'infortuné roi de Naples, l'ami le plus fidèle et le serviteur le plus dévoué. Lorsque Murat rentra en France, il fit nommer Exelmans au grade de chef d'escadron par décret du 3 octobre 1803. Exelmans avait alors 28 ans; son avancement n'avait eu jusque-là rien d'extraordinaire pour l'époque.

Le colonel Beaumont, premier aide de camp de Murat, ayant été appelé au commandement du 10ᵉ régiment de hussards, Exelmans le remplaça à la tête de ce brillant état-major dans lequel figuraient, entre autres officiers, les lieutenants Lagrange et Flahaut (ce dernier devait plus tard succéder au maréchal Exelmans comme grand chancelier de la Légion d'honneur).

Les fonctions d'aide de camp de Murat, agréables tant que le mari de Caroline Bonaparte resta gouverneur de Paris, donnèrent à plusieurs de ceux qui les exerçaient l'occasion de se couvrir de gloire lorsque la guerre avec l'Autriche commença au mois d'octobre 1805. C'est en effet du combat de Wertingen, livré le 8 octobre, que datent réellement la réputation d'Exelmans et la faveur dont il ne cessa de jouir depuis lors auprès de l'empereur Napoléon lui-même. L'armée autrichienne, après avoir envahi la Bavière, s'était postée en face des défilés de la Forêt-Noire par où semblaient devoir déboucher les Français; le front de cette armée, commandée par le général Mack, était protégé par le cours de l'Iller, sa droite appuyée au camp retranché d'Ulm, sa gauche à la place de Memmingen; une arrière-garde de quelques milliers d'hommes, sous les ordres du général Kienmayer, était postée à Ingolstadt afin de relier l'armée aux Russes qui s'avançaient par Munich. Le mouvement par lequel cette armée fut coupée de ses communications est demeuré classique; les six corps de l'armée française partant des bords du Rhin et tournant les montagnes connues sous le nom d'Alpes de Souabe, débouchaient le 6 octobre dans la plaine de Nœrdlingen et surprenaient, le soir même et le lendemain matin 7, le passage du Danube à Münster et Donauwœrth. L'Empereur prescrivit alors à Murat et à Lannes de passer sur la rive droite avec les dragons de Beaumont et de Klein, les cuirassiers de Nansouty et les grenadiers d'Oudinot pour se porter

rapidement dans la direction d'Ulm et barrer la route au général
Mack pour le cas où il aurait voulu battre en retraite sur Munich.
De son côté, le général autrichien, informé vaguement de la présence de quelques troupes françaises sur le Danube, avait envoyé
en reconnaissance sur ses derrières un corps composé de six bataillons de grenadiers, trois bataillons de fusiliers, deux escadrons
de cuirassiers et deux escadrons de chevau-légers, le tout commandé par le baron d'Auffenberg. Ce général, informé du passage
du Danube par de nombreuses troupes françaises, se hâta de se replier sur Ulm; il faisait halte dans le bourg de Wertingen lorsque
les têtes de colonne de la cavalerie française se présentèrent subitement. Les officiers autrichiens, qui étaient à déjeuner, n'eurent
que le temps de monter précipitamment à cheval et de se mettre à
la tête de leur troupe. La cavalerie française ne songeait cependant
pas à les attaquer : les dragons du 9e régiment, qui se trouvait
en tête de colonne, furent tenus tout d'abord en échec par un feu
violent partant des maisons du hameau de Hohenreichen, situé en
avant de Wertingen et où se trouvaient plusieurs centaines d'Autrichiens. Exelmans, envoyé par Murat à la recherche du général
Beaumont qui commandait la division de dragons, fut attiré par le
bruit de la fusillade. Bien qu'il eût parcouru plus de quatre lieues
à une allure rapide, son ardeur, dit-il lui-même dans un récit qu'il
a laissé de cette affaire, n'était pas ralentie; il se précipita vers les
dragons : « Où est le général, s'écria-t-il à haute voix, où est-il?
— Il est allé à quelque distance, lui répond-on, explorer la hauteur. — Eh quoi, vous laisserez-vous mitrailler ainsi? Donnez-moi
150 hommes de bonne volonté ; qu'ils mettent pied à terre et je me
charge avec eux de débarrasser le village. »

Le 9e dragons était commandé par un brave et bon officier, le
colonel Maupetit, qui frémissait de rester dans l'inaction faute
d'ordres : « Nous sommes tous de bonne volonté! s'écria-t-il. » Exelmans était jeune et d'une taille élevée ; son regard, son geste, sa
parole respiraient le feu et la hardiesse : c'était un de ces hommes
qui, en face de l'ennemi, ont le don de communiquer leur ardeur
à la troupe et de l'électriser par sa vue. Les dragons s'étonnent
d'abord, se regardent et se précipitent en masse pour avoir l'honneur de suivre le jeune et brillant chef d'escadron. Il n'en prend

qu'un petit nombre, leur fait mettre pied à terre et les conduit rapidement sur le village dont ils se rendent maîtres en moins d'un quart d'heure. Tout le régiment remonte alors à cheval suivi du reste de la division ; le bourg de Wertingen, abandonné par les Autrichiens, est rapidement enlevé et traversé au galop ; au delà du bourg on se trouve en face des neuf bataillons autrichiens formés en un seul carré sur le plateau, les ailes appuyées par la cavalerie. Exelmans et le colonel Maupetit chargent le carré sans compter le nombre des ennemis. Ils sont accueillis par une fusillade des plus vives, le colonel Maupetit tombe blessé si grièvement que le lendemain il fut porté au bulletin comme frappé à mort. L'officier placé à la gauche d'Exelmans tombe aussi ; le colonel Maupetit demande à l'aide de camp de Murat de vouloir bien témoigner qu'il a fait son devoir. Exelmans lui en donne l'assurance ; mais, au même moment, son cheval, blessé d'un coup de baïonnette, bondit de douleur et le lance à plusieurs pieds de là. Il prend celui du colonel Maupetit et continue ce combat inégal ; mais il avait affaire à trop forte partie et il avait beau crier : Rendez-vous ou je vous ferai passer tous au fil de l'épée ; on ne lui répondait qu'à coups de fusil. Heureusement Lannes et Murat, attirés par le bruit du canon, s'étaient hâtés d'accourir, l'un avec le reste des dragons et les cuirassiers de Nansouty, l'autre avec ses grenadiers. Murat fit charger le carré autrichien par les dragons, Lannes manœuvra avec ses grenadiers pour leur couper la retraite. L'infanterie ennemie recula alors précipitamment, poursuivie et sabrée par les dragons, en tête desquels se trouvait toujours Exelmans. Une partie des neuf bataillons parvint à se réfugier dans les bois, le reste fut pris, 2,000 prisonniers, quelques pièces de canon et plusieurs drapeaux furent les trophées de la victoire.

Lannes et Murat avaient paru sur le champ de bataille juste à temps pour voir le commandant Exelmans lancé en l'air par son cheval : « Qu'est-ce cela? s'écria Lannes. C'est, par ma foi, ton aide de camp qui saute. » Murat, fort étonné, demanda au jeune chef d'escadron comment il se trouvait là, et s'emporta d'abord violemment contre lui pour avoir engagé le combat de sa propre autorité. Mais Lannes plaida chaudement la cause d'Exelmans ; les résultats de l'engagement et le témoignage unanime rendu à son intrépidité suffisaient d'ailleurs pour faire triompher cette cause, et Murat chargea son aide de camp de porter à Napoléon, avec les drapeaux pris à l'ennemi, la nouvelle de cette première victoire, glorieux début de la campagne. L'Empereur reçut Exelmans à Donauwœrth à cheval et entouré de tout son état-major. « Je sais, lui dit-il, qu'on n'est pas plus brave que toi : je te fais officier de la Légion d'honneur. » (Exelmans avait été nommé membre de la Légion le 14 juin 1804, sa nomination au grade d'officier fut régularisée à la date du 19 octobre.) C'était la première fois que Napoléon tutoyait Exelmans avec lequel il avait eu d'ailleurs jusque-là peu de relations ; il le tutoya toujours depuis lors.

Exelmans continua la campagne auprès de Murat ; l'Empereur qui, depuis le combat de Wertingen, avait les yeux fixés sur lui, lui conféra le grade de colonel deux jours avant l'affaire d'Elchingen, à la suite d'une reconnaissance hardie qu'il avait exécutée sur les positions de l'ennemi. Vivement engagé dans plusieurs circonstances et se montrant le digne aide de camp d'un général qui prodiguait sa personne avec une audace inouïe, Exelmans eut un cheval tué sous lui au combat sanglant d'Amstetten, livré le 5 novembre à l'arrière-garde russe. Il eut encore un cheval tué sous lui à la bataille d'Austerlitz.

Après la campagne, l'Empereur confirma, par décret du 27 décembre 1805, le grade de colonel qu'il avait conféré à Exelmans et lui donna le commandement du 1ᵉʳ régiment de chasseurs en remplacement de Montbrun, nommé général de brigade. Successivement commandé par Richepanse, Dubois-Crancé et Montbrun, ce régiment n'avait cessé de se couvrir de gloire aux armées de Sambre-et-Meuse et du Rhin, ainsi que dans la dernière campagne pendant laquelle il avait été particulièrement cité, après le brillant combat de Ried. Mais la vie active qu'il avait menée l'avait quelque peu épuisé et son nouveau colonel dut appliquer tous ses soins à le reconstituer.

Le 1ᵉʳ régiment de chasseurs continua, pendant la campagne de 1806, d'appartenir au 3ᵉ corps d'armée comme il l'avait fait pendant la campagne de 1805. Il formait avec le 2ᵉ et le 12ᵉ chasseurs la brigade Vialanes. On connaît le rôle prépondérant que remplit le 3ᵉ corps pendant la brillante campagne de 1806. La cavalerie légère de ce corps d'armée, montant à peine à 1,200 chevaux, ne pouvait, à la bataille d'Auerstædt, lutter avec la magnifique cavalerie prussienne de l'armée royale, montant à plus de 20,000 cavaliers. Les trois régiments de chasseurs, et en particulier le 1er, déployèrent cependant une audace infatigable; c'est un escadron du 1er chasseurs qui, le 14 octobre au matin, sous la conduite du colonel Burke, premier aide de camp du maréchal Davout, entama la bataille en repoussant l'avant-garde prussienne. Lorsque les 7,000 à 8,000 chevaux commandés par Blücher dirigèrent contre la division Gudin leurs attaques furieuses et furent repoussés grâce à la résistance inébranlable de nos régiments d'infanterie, les chasseurs de la brigade Vialanes, embusqués sur la droite dans des plis de terrain ou derrière des bouquets de bois, s'élancèrent à propos pour activer la retraite de la cavalerie prussienne et lui firent un certain nombre de prisonniers. Il en fut de même après l'attaque tentée par le prince Guillaume contre la division Morand. Les Prussiens finirent par battre en retraite poursuivis par notre cavalerie; les 1er, 2e et 12e chasseurs firent encore de nombreux prisonniers.

Le 3e corps, après avoir fait son entrée triomphale à Berlin, marcha sur l'Oder et s'empara de Francfort ainsi que de la place de Custrin. Les Russes ayant apparu sur la rive droite de la Vistule, Napoléon dirigea contre eux les corps de Davout, de Lannes et d'Augereau. La cavalerie légère de la réserve était alors engagée dans la poursuite de l'armée prussienne battue à Iéna et à Auerstædt. La cavalerie légère des corps d'armée fut chargée en conséquence du service d'exploration; les 1er, 2e et 12e chasseurs se firent alors remarquer par l'élan et l'aplomb avec lequel ils opérèrent en avant et loin de l'infanterie. Le 1er chasseurs se trouva plus d'une fois à quarante et cinquante lieues en avant du gros du corps d'armée et détacha des coureurs jusque sur la Vistule à une même distance. Lorsque le maréchal Davout reçut l'ordre de se porter sur la Vistule, le 1er chasseurs forma son avant-garde et entra dans Posen le 9 novembre. Rien ne saurait donner une idée de l'enthousiasme avec lequel il fut accueilli par la population accourue sur son passage; le colonel Exelmans obtint à cette occasion un grand succès personnel par sa bonne mine à cheval, sa tournure élégante et son air martial. Le général Vialanes, à la suite de plaintes assez graves formulées contre lui par le maréchal Davout, avait été remplacé dans le commandement de la cavalerie légère du 3ᵉ corps par le général Marulaz, intrépide et hardi sabreur. Sous un pareil chef, les trois régiments de chasseurs se signalèrent au passage de la Vistule ainsi qu'au combat de Golymin et dans toutes les affaires où, malgré les boues traditionnelles du pays, la cavalerie put s'engager. La brigade couvrit ensuite les quartiers d'hiver et précéda le 3ᵉ corps d'armée dans la marche dirigée vers la gauche de l'armée lors de la surprise opérée par le général Benningsen. Le 3ᵉ corps d'armée remplit à la bataille d'Eylau, le 8 février 1807, le rôle capital qu'il avait déjà joué à Austerlitz et à Iéna ou plutôt à Auerstædt, mais ce fut surtout pour ce corps une lutte d'infanterie, dans laquelle la cavalerie légère fut simplement chargée de la tâche ingrate de garantir l'extrémité de la ligne contre les entreprises des cosaques. Plus de quarante ans après, Exelmans, devenu général de division et grand chancelier de la Légion d'honneur, écrivait à un colonel d'infanterie qui venait de lui envoyer une relation de cette sanglante bataille : « J'ai reçu avec un vif intérêt la petite brochure que vous m'avez fait l'honneur de m'adresser ; tout ce que vous racontez de la rude affaire d'Eylau me paraît très exact, quoique ce ne soit précisément pas la totalité des épisodes de cette sanglante journée. Je vous félicite bien sincèrement de vous en être tiré avec vos quatre membres, puisque vous étiez de ce fameux 24ᵉ régiment de ligne, si bien commandé alors par le vaillant colonel Sémélé. J'étais colonel aussi, en ce moment, du 1ᵉʳ de chasseurs et suis arrivé la veille sur le plateau d'Eylau, où mon régiment a ferraillé toute la journée. Lors de l'affaire, c'est-à-dire le matin, je fus envoyé à l'extrême droite par le maréchal Davout ; je fus occupé constamment à empêcher les cosaques de venir se jeter selon leur méthode derrière notre armée dans les bois qui s'y trouvaient. Je fus assez heureux pour réussir, mais avec des fatigues inouïes pour ce régiment qui n'était pas nombreux du tout. Votre brochure n'en dit rien et cela se conçoit : les troupes légères dans une grande bataille ne servent, en quelque sorte, que d'ombre au tableau d'un grand drame plus ou moins sanglant. Cependant elles peuvent rendre de véritables services pour la sécurité et la quiétude d'une armée pendant le fort de l'action, et même lorsqu'elle est terminée. »

Il faut croire cependant qu'Exelmans déploya dans cette besogne ingrate des qualités exceptionnelles, car il fut nommé général de brigade le 14 mai 1807, ayant seulement dix-huit mois de grade de colonel et n'étant âgé que de 32 ans. Il reprit en même temps, et en vertu d'un décret daté du 16 mai, son poste d'aide de camp auprès du prince Murat. Il se trouvait à côté du brillant chef de la réserve de cavalerie, lorsque celui-ci fut entouré par les Russes à la bataille d'Heilsberg et dégagé par une charge de la cavalerie légère de Lasalle. Il accompagna ensuite le prince sous les murs de Kœnigsberg et à Tilsitt, puis, après la paix, il le suivit à Dresde et de là à Paris où il rentra avec l'Empereur. Il y épousa, le 31 janvier 1808, Mlle Amélie-Marie-Josèphe Delacroix de Ravignan, sœur du célèbre prédicateur de ce nom. En ce temps-là, les lunes de miel duraient peu de temps, ou du moins elles étaient interrompues brusquement par les hasards de la guerre. Vingt jours seulement après son mariage, c'est-à-dire le 21 février 1808, le jeune et brillant général, forcé d'accompagner le grand-duc de Berg en Espagne, disait adieu à sa femme ; la séparation devait être longue et semée d'incidents.

Murat, appelé au commandement supérieur des troupes françaises qui étaient successivement entrées en Espagne, avait à remplir un rôle plus politique encore que militaire ; il s'agissait principalement d'amener le roi Charles IV et son fils Ferdinand à se retirer auprès de l'empereur Napoléon, qui s'était installé à Bayonne et devait leur arracher l'abdication. Murat ayant réussi dans cette tâche, ce fut son aide de camp Exelmans qui fut chargé de prendre toutes les mesures relatives au voyage des deux princes, mission particulièrement difficile eu égard à la surexcitation et à la méfiance du peuple espagnol qui avait d'abord accueilli Napoléon comme un libérateur et qui commençait à voir en lui ce qu'il devait être réellement, l'oppresseur du pays et l'usurpateur de la couronne d'Espagne. Exelmans s'acquitta de cette mission avec autant de tact que de prudence et de fermeté. Il fut moins heureux quelque temps après. Le peuple de Madrid s'était soulevé dans la journée du 2 mai 1808 ; les autres villes de l'Espagne avaient suivi cet

Comte EXELMANS
Maréchal de France
Grand Chancelier de la Légion d'honneur
1775-1852.

exemple, et les différents corps d'armée qui occupaient le pays à titre amical furent bientôt submergés dans les flots de l'insurrection. Le maréchal Bessières occupait les provinces du Nord, le général Dupont marchait sur l'Andalousie, le maréchal Moncey cherchait à contenir le royaume de Valence. Envoyé avec le colonel de Lagrange et le commmandant Rosetti auprès de ce maréchal dont le quartier général était installé à Cuença, pour lui porter les instructions de Murat, le général Exelmans voyageait en poste comme en pays ami, il était en train de changer de chevaux à Salice, bourg situé à six lieues de Cuença, lorsqu'il fut arrêté avec ses deux compagnons par une bande d'insurgés qui le conduisirent à Valence. Six mois après il fut transféré à Majorque ; il s'y trouva avec son ami le colonel Auguste de Lagrange ; le gouvernement français envoya des officiers espagnols pour être échangés contre eux, mais les Espagnols se refusèrent à cet échange et, deux ans après avoir été faits prisonniers, Exelmans et Lagrange furent emmenés en Angleterre. Ils protestèrent vivement contre la prétention qu'on affichait de les traiter en prisonniers de guerre, se fondant sur ce qu'ils n'avaient pas été pris avec de la troupe sur un champ de bataille et sur ce que leur capture n'avait été précédée d'aucune déclaration d'hostilité. On ne tint aucun compte de cette protestation et Exelmans fut interné à Chesterfield. On raconte qu'alors il obtint la permission de voyager sur parole en Angleterre, et qu'il en profita pour se rendre à Deale. Peu de temps après, profitant de la reconnaissance qu'il avait opérée pendant son premier voyage, il s'échappa de Chesterfield, avec le colonel Lagrange : ils traversèrent l'Angleterre sans être aperçus et frétèrent, pour la somme de cent guinées, une petite barque à quatre rameurs sur laquelle ils passèrent la Manche. On raconte aussi qu'alors il proposa à l'Empereur de retourner en Angleterre pour y faire soulever les nombreux prisonniers détenus sur les pontons et organiser leur fuite, mais que l'Empereur lui refusa son autorisation et les fonds nécessaires pour tenter cette entreprise hardie. Il y avait retrouvé, auprès de Napoléon, Murat devenu roi de Naples. Mme Exelmans était attachée à la reine Caroline en qualité de dame du palais, et lorsque Murat retourna dans ses États, Exelmans l'accompagna à Naples, où il fut nommé grand écuyer. Le séjour d'Exel-

mans dans le royaume de Naples ne fut pas de longue durée. J'ai
déjà raconté ailleurs (notices sur Murat et sur Alphonse de Colbert)
comment le roi Joachim se brouilla avec son puissant beau-frère.
Murat invita tous les fonctionnaires et tous les officiers français
servant dans l'administration du royaume et dans l'armée napolitaine à se faire naturaliser Napolitains. Napoléon répondit à cette
mesure par un décret aux termes duquel tous les citoyens français
étaient déclarés de droit citoyens des Deux-Siciles, attendu que le
royaume des Deux-Siciles avait été créé par ses armes et devait
être considéré comme une dépendance de l'empire français. Les
choses furent poussées à ce point que Murat affecta de ne plus
porter le grand cordon de la Légion d'honneur. La plupart des
officiers français abandonnèrent alors son service, et ses plus fidèles
amis, tels qu'Exelmans, lui représentèrent en vain qu'en se fiant
aux fausses protestations de ses sujets napolitains pour renoncer
à la protection de la France, il s'exposait à une perte certaine.

Rentré à Paris, le général Exelmans fut nommé d'abord major
à la suite des chasseurs à cheval de la garde impériale, par décret
du 24 décembre 1811 ; il n'était encore qu'officier de la Légion
d'honneur, et avait été nommé baron de l'Empire le 17 mars 1808,
avec une dotation de 10,000 francs de rente annuelle sur les reve-
nus de la Westphalie. Parti pour la Russie avec la Grande-Armée,
il fut nommé, le 9 juillet 1812, major des grenadiers à cheval de la
garde impériale ; il assista en cette qualité à la bataille de la Mos-
kowa et fut promu, le lendemain 8 septembre, au grade de général
de division ; il avait 37 ans. Le général Pajol ayant été blessé le
9 septembre au combat de Krimskoié, Exelmans fut désigné pour
le remplacer à la tête de la division de cavalerie légère du 2ᵉ corps
de cavalerie. Cette division comprenait, comme je l'ai déjà dit
(notice sur Montbrun), trois brigades, savoir : la brigade Saint-
Geniès (11ᵉ et 12ᵉ chasseurs), la brigade de Burthe (5ᵉ et 9ᵉ hussards) et la brigade Subervie (hussards polonais, chasseurs wurtembergeois et ulans prussiens). Quant au 2ᵉ corps de cavalerie,
il était passé depuis la mort de Montbrun et d'Auguste Caulaincourt,
sous les ordres de Sébastiani, et comprenait, outre la cavalerie légère d'Exelmans, la division de cuirassiers Wathier et la division
des carabiniers et des cuirassiers Defrance. C'est à la tête de la

cavalerie légère d'Exelmans que Murat fit son entrée dans Moscou le 14 septembre ; Exelmans l'accompagnait, ils étaient précédés d'un escadron de hussards polonais formant avant-garde. Après avoir traversé Moscou, le corps de Sébastiani, abandonné par Murat qui était revenu trouver l'Empereur, se lança sur une fausse piste à la poursuite de l'armée russe et fut ensuite rappelé sur la route de Kalouga où se trouvait réellement Kutusof. Là eurent lieu plusieurs combats de cavalerie auxquels Exelmans prit la part la plus glorieuse. Un de ces combats, livré le 4 octobre, fut particulièrement acharné, il commença par un grand duel d'artillerie dans lequel le roi de Naples fut admirable de sang-froid ; il avait pris place au milieu des batteries françaises et, monté sur un cheval fougueux qui bondissait à chaque obus éclatant auprès de lui, il décacheta tranquillement une dépêche qui lui était adressée, tira ses tablettes de sa poche et, le plus tranquillement du monde, au milieu des bonds de son cheval et du sifflement des projectiles, il écrivit la réponse. Tant de sang-froid électrisa la cavalerie qui, ayant enfin reçu l'ordre de charger, culbuta tout ce qu'elle avait devant elle. Exelmans fut blessé d'un coup de pistolet au genou et fut forcé de revenir à Moscou, ce qui lui évita d'assister le 18 octobre à la surprise de Winkowo. Se fiant sur un prétendu armistice, Murat s'était laissé surprendre par l'armée russe, il combattit de sa personne avec la plus brillante bravoure et, à moitié vêtu, chargea à la tête des carabiniers les cosaques qui avaient pénétré jusque dans le camp. Mais le corps d'armée de Sébastiani, placé à l'extrême gauche, fut complètement envahi, la division d'Exelmans eut plusieurs régiments enfoncés et presque toute l'artillerie du corps d'armée fut prise par l'ennemi.

Lorsque l'armée évacua Moscou, Exelmans, dont la blessure était encore ouverte, ne pouvait tenir à cheval ; il fit à pied et le plus péniblement du monde une partie de la route, il lui fallut pourtant monter à cheval à Krasnoé pour aider à repousser les attaques de l'ennemi qui devenait trop pressant. Il sortit heureusement de Russie, traversa la Pologne et parvint à Dessau, sur l'Elbe, où devait se réunir sa division de cavalerie légère. Souffrant toujours de sa blessure, il obtint un congé de convalescence qu'il alla passer à Paris ; il quitta cette capitale après un séjour de deux mois, mais, forcé de s'arrêter à Francfort-sur-le-Mein pour y remplacer les chevaux qu'il avait perdus dans la campagne de Russie, il ne rejoignit l'armée qu'à Dresde, lorsque l'Empereur y fut rentré après la bataille de Lutzen. Il prit part ensuite à la bataille de Bautzen avec un millier de conscrits appartenant au 2e corps de cavalerie dont sa division faisait partie, et continua la campagne en ayant quelques engagements heureux avec les troupes légères russes.

Pendant l'armistice de Pleswitz, le général Exelmans s'occupa activement de l'organisation et de l'instruction de sa division : la tâche était très difficile, eu égard à la grande quantité de conscrits et de chevaux non dressés dont se composait cette cavalerie, et à la pénurie de subsistances pour les chevaux. Sa division (4e de cavalerie légère) se composait du 6e régiment de chevau-légers, des 4e et 7e chasseurs formant la brigade Maurin, à l'effectif d'environ 1,800 chevaux, des 20e, 23e, 24e chasseurs et 11e hussards, formant la brigade Wathier, d'un effectif de 3,000 chevaux. Le 2e corps de cavalerie comprenait en outre la 3e division de cavalerie légère, général Roussel d'Hurbal (11e, 12e chasseurs, 2e, 5e, 9e hussards, 4e chevau-légers), effectif 3,500 chevaux, et la 3e division de grosse cavalerie, général de Saint-Germain, forte d'environ 2,800 chevaux. Le corps de Sébastiani comprenant donc un total de plus de 10,000 chevaux, d'après les états de situation, mais en réalité de 6,000, se trouvait au moment de la rupture de l'armistice avec les troupes placées sous les ordres du maréchal Ney sur la Katzbach, c'est-à-dire le 3e corps (Ney), le 5e (Lauriston), le 6e (Marmont), le 11e Macdonald. Blücher ayant devancé de deux jours le délai fixé pour la reprise des hostilités et attaqué à l'improviste ces corps dispersés, Ney les fit rétrograder en deçà du Bober. L'Empereur accourut avec la garde et la cavalerie de Latour-Maubourg et fit reprendre l'offensive. Blücher, culbuté le 21 et le 22 par les 3e, 5e, 6e et 11e corps, se retira à Goldberg derrière la Katzbach. Il y fut attaqué, le 23, par les 5e et 11e corps et par le 2e corps de cavalerie : 12 escadrons de cavalerie française profitèrent du désordre qui se produisit dans les bataillons de l'aile droite des alliés et les rompirent, mais une charge des ulans de Brandebourg et de deux régiments de cosaques du corps de Langeron les empêcha de pousser plus avant. Un peu plus tard, 24 escadrons fondirent sur l'infanterie prussienne qui fut forcée de se replier constamment poursuivie par notre cavalerie. Blücher se retira à Jauer avec une perte de 8,000 hommes, subie dans les journées des 21, 22 et 23 ; il conserva toutefois à son extrême gauche la position avancée de Hirschberg sur le Bober. L'Empereur repartit pour Dresde avec le maréchal Ney, le 6ᵉ corps, la garde et le 1ᵉʳ corps de cavalerie (Latour-Maubourg), laissant sur le Bober le maréchal Macdonald nommé commandant supérieur des 3ᵉ corps (Souham), 5ᵉ (Lauriston), 11ᵉ (Gérard) et du 2ᵉ corps de cavalerie.

Macdonald résolut d'attaquer immédiatement Blücher pour le déposter de la position de Jauer, en même temps que de son côté Blücher, trompé par un mouvement rétrograde du 3ᵉ corps, conséquence d'un ordre mal donné, et croyant à la retraite de l'armée française, se préparait à la poursuivre. La rencontre eut lieu le 26 août et donna lieu à la funeste bataille de la Katzbach qui valut à Blücher le titre de prince et qui passe pour un de ses principaux titres de gloire. Il dut pourtant sa victoire moins aux talents militaires déployés par lui, qu'aux fautes du maréchal Macdonald, aux circonstances malheureuses qui contrarièrent les manœuvres de l'armée française et aux pluies torrentielles qui firent déborder toutes les rivières, notamment le Bober. Dans cette bataille, dont le récit détaillé sortirait du cadre que j'ai dû me tracer, la droite était formée par le corps de Lauriston, le centre par celui de Gérard, la gauche par le corps de Souham et la cavalerie de Sébastiani qui devaient exécuter une attaque de flanc sur le plateau de Janow, tandis que le 5ᵉ et le 11ᵉ corps aborderaient de front la position de Jauer ; les deux divisions Ledru et Puthod, des 11ᵉ et 5ᵉ corps, étaient malencontreusement détachées sur le cours supérieur du Bober pour forcer l'ennemi à évacuer la position avancée de Hirschberg. L'attaque de front réussit, mais les faux mouvements qui avaient été imposés au 3ᵉ corps occasionnèrent un grave échec à la gauche, qui fut rejetée sur Bunzlau où elle franchit le Bober, les 5ᵉ et 11ᵉ corps furent obligés alors de se replier sur Lœwenberg où les eaux débordées s'opposèrent à leur passage ; il fallut descendre le Bober jusqu'à Bunzlau et dans ce mouvement la plus grande partie de l'artillerie du 5ᵉ corps fut perdue. Enfin la division Puthod, abandonnée sur la rive droite du Bober, essaya en vain de se faire jour ; complètement cernée, elle fut détruite ou prise.

Le 2ᵉ corps de cavalerie, arrêté par un encombrement inouï dans la vallée de la Katzbach, n'avait franchi cette rivière que par fractions successives. Il eut de rudes combats à soutenir. D'après un auteur allemand[1] : « Les deux cavaleries se mêlèrent si complètement qu'un escadron de cavalerie nationale (Landwehr) ne put s'échapper qu'en criant vive l'Empereur et en faisant ainsi hésiter un moment les lanciers qui le pressaient. La cavalerie française enleva même quatre pièces d'une batterie à cheval prussienne, arriva sur l'infanterie et obligea la cavalerie ennemie à passer en deuxième ligne ; mais reçue vigoureusement par les carrés d'infanterie, elle commença à plier ; en même temps les ulans de Brandebourg et les hussards russes chargèrent les escadrons français, les culbutèrent et les obligèrent à reprendre en désordre le chemin de Weinberg. Blücher lui-même prit la tête de cette charge. Quelque temps après, les divisions Roussel et Exelmans, écrasées par la supériorité numérique de l'ennemi, furent forcées de descendre vers la rivière afin de la repasser, mais dans l'ardeur de la lutte, des cavaliers prussiens, poussés par la division Exelmans dans le ravin qui conduisait à la Katzbach et où avait été laissée l'artillerie légère des deux divisions, avaient sabré les conducteurs de cette artillerie et s'étaient emparés des pièces qui furent ainsi perdues. » L'armée de Macdonald continua sa retraite, couverte par la division de cavalerie d'Exelmans qui, formant l'arrière-garde, s'acquitta avec honneur de cette tâche difficile et repoussa chaque jour plusieurs attaques de la cavalerie ennemie. On se retira jusqu'à Hochkirch, et le mouvement rétrograde ne fut arrêté que par l'Empereur qui, accourant de Dresde à la nouvelle du désastre de la Katzbach, fit reporter les avant-gardes jusqu'à Gœrlitz le 6 septembre. Mais dans cette campagne de 1813, les alliés avaient décidé qu'on se retirerait toujours devant l'Empereur pour tomber après son départ sur ses lieutenants ; c'est ce qui eut encore lieu cette fois : Napoléon ayant été rappelé à Dresde, Blücher se reporta en avant et força le maréchal Macdonald à se replier non seule-

---

1. *La Cavalerie des armées alliées en 1813. (Journal des sciences militaires.)*

ment jusqu'à Hochkirch, mais même jusqu'en arrière de Bischofswerda. Il se trouvait donc le 12 septembre presque sous les murs
de Dresde.

Napoléon, revenu à Dresde le 21, résolut encore une fois de marcher contre Blücher, et l'armée de Macdonald se remit en mouvement
le 22. La division d'Exelmans formait l'avant-garde. Ce général
quitta Bischofswerda à minuit[1]: « Ses domestiques qu'il avait en-
voyés en avant, mais qui s'étaient arrêtés et endormis près de la
porte de la ville, tombèrent le lendemain matin au point du jour dans
les mains de l'ennemi, les huit chevaux qu'ils conduisaient furent
également pris; le général Exelmans eut d'ailleurs le bonheur
d'empêcher le mouvement qui eût fortement compromis l'armée
dans la vallée de la Sprée. Malgré la nuit qui approchait, il s'était
jeté sur les hauteurs qui couronnent cette vallée sur la gauche.
Il y rencontra douze à quinze cents cosaques avec lesquels ses
troupes ferraillèrent jusqu'à minuit. Cinq reconnaissances qu'il
avait envoyées au point du jour afin de pouvoir, sur leur rapport,
rectifier sa position dont il n'avait qu'une notion imparfaite,
revinrent au bout d'un quart d'heure lui annoncer que dix escadrons les suivaient. C'était la tête du corps de Sacken dont la force
était de 22,000 hommes, et qui arriva dans la matinée. Exelmans
n'eut que le temps de faire exécuter au galop par ses premières
brigades un changement de front pour se placer parallèlement à
la vallée. Ainsi que des renseignements particuliers le lui avaient
appris, le corps de Sacken venait pour attaquer le flanc gauche de
l'armée de Macdonald quand elle serait engagée vers Bautzen,
tandis que les Autrichiens l'attaqueraient sur la droite en débou-
chant des vallées de la Bohême.

« Quoiqu'il eût reçu l'ordre de redescendre dans la vallée pour
soutenir le général Gérard qui devait commencer l'attaque avec son
corps (le 11ᵉ), Exelmans s'y refusa plusieurs fois, et fit avertir de
la présence de Sacken, ce général ainsi que l'Empereur et le maréchal Macdonald. Celui-ci se rendit auprès d'Exelmans et ne
tarda pas à se convaincre que son refus était fondé sur les motifs

---

1. Tout ce qui suit est extrait d'une notice sur Exelmans, écrite sous le règne de
Louis-Philippe et portant plusieurs corrections de la main du maréchal.

les plus légitimes. L'Empereur, instruit à son tour du véritable état des choses, ordonna pour la nuit suivante la retraite sur Weissig, à une lieue et demie en avant de Dresde.

« Ce mouvement s'exécuta sans embarras, l'armée de Blücher s'étant dirigée vers Wittenberg, tandis que les Austro-Russes traversaient la Bohême pour couper la retraite à l'armée française en Saxe. »

Le rôle de la division Exelmans aux batailles de Wachau et de Leipzig fut particulièrement difficile. Le corps de cavalerie de Sébastiani fut placé à Wachau entre le corps d'armée de Lauriston qui formait le centre et celui de Macdonald qui se trouvait à sa gauche ; il culbuta dans une belle charge la cavalerie du corps autrichien de Klenau, forte de 20 escadrons, et la mit en déroute. Klenau ne put rallier son corps d'armée que grâce au secours qui lui fut porté par 4 régiments de cavalerie prussienne, dont 2 de cuirassiers, et par les cosaques de Platow. Plus tard le 2ᵉ corps de cavalerie était placé à la droite des Saxons dont il n'était séparé que par un ravin. Lorsque les troupes saxonnes passèrent à l'ennemi en se retournant immédiatement contre les Français, leur artillerie, prenant position au bord du ravin, prit d'enfilade la division Exelmans, mais le général ne se laissa pas déconcerter par ce funeste incident, et il exécuta jusqu'au soir plusieurs charges avec son élan et sa fermeté ordinaires, jusqu'à ce que la cavalerie et l'artillerie à cheval de la garde amenées par l'Empereur luimême vinssent au secours du 2ᵉ corps de cavalerie.

Le lendemain 19, il fut engagé dès le matin avec les troupes légères de l'ennemi, et parvint à sauver un grand nombre de nos soldats qui étaient restés endormis dans les fermes et les villages voisins du champ de bataille. Il ne battit en retraite qu'à 9 heures du matin ; aucune distribution n'avait été faite, ni pour les hommes, ni pour les chevaux, et ni les uns ni les autres n'avaient rien mangé ou bu depuis 24 heures. Exelmans traversa le pont sans encombre et ne s'arrêta que le soir à Lutzen. Le lendemain il poussa jusqu'à Weissenfels à travers les flots de la cavalerie ennemie et des corps de partisans. La veille de la bataille de Hanau, sa division, qui formait l'avant-garde, rencontra les Bavarois et les Autrichiens près de Gelnhausen sur la Kinzig, dont le pont venait d'être brûlé ; il dut faire mettre pied à terre à 200 chasseurs pour en éloigner un bataillon de Tyroliens, établi sur un monticule à 50 toises du chemin. Quelques coups de canon en eurent raison, il alla coucher avec sa division à Langen-Zebolin où ne tarda pas à arriver l'Empereur. Le lendemain, le 11e corps trouva, comme on le sait, l'ennemi établi à la lisière de la forêt sur les deux rives de la Kinzig, avec environ 50 bouches à feu qui criblèrent notre cavalerie de projectiles lorsqu'elle voulut déboucher de la forêt. Les grenadiers à cheval de la garde ne purent se déployer et furent refoulés dans le défilé. C'est alors qu'arriva l'artillerie de la garde conduite par le général Drouot et le colonel Griois. Le placement des premières batteries, exposées au feu de toute l'artillerie ennemie, fut particulièrement difficile. Lorsque la ligne fut formée, la cavalerie bavaroise et autrichienne exécuta sur elle une charge des plus vigoureuses et fut accueillie par un tir à mitraille habilement dirigé. Exelmans, qui se trouvait à l'avant-garde, disposa lui-même sur la route, se rappelant sans doute son ancien métier de canonnier, deux pièces de douze dont l'effet fut particulièrement meurtrier. Après avoir pénétré dans les batteries où un grand nombre d'entre eux furent tués à coup de sabre ou de mousqueton, les cavaliers autrichiens ou bavarois tournèrent bride, poursuivis par notre cavalerie. J'ai déjà raconté dans la notice sur Nansouty les péripéties de cette belle charge; Exelmans, à la division duquel avait été ajouté le 3e régiment des gardes d'honneur, commandé par le colonel marquis de Saluces, eut son cheval tué sous lui au moment où, avec les gardes d'honneur lancés sur la gauche de l'ennemi, il cherchait à dégager les grenadiers de la garde ; en même temps le général Nansouty chargeait avec les chasseurs et les dragons de la garde. Exelmans s'appuya contre un chêne et continua à diriger le mouvement. Le tableau bien connu dans lequel Horace Vernet a représenté la bataille de Hanau nous montre Exelmans dans cette position, portant encore sur son habit les marques de la chute qu'il vient de faire. D'après lui, ou du moins d'après son biographe, les Austro-Bavarois auraient pu être culbutés dans le Mein qui coulait à une demi-lieue en arrière d'eux, si le général Nansouty avait exécuté l'ordre que lui donnait le maréchal Macdonald, de les charger avec les dragons et les grenadiers de la garde. Nansouty, qui venait de s'illustrer par une des plus belles charges connues dans l'histoire de nos grandes guerres, aurait répondu au maréchal Macdonald qu'il ne pouvait engager de nouveau la cavalerie de la garde sans un ordre formel de l'Empereur et envoya le comte de Flahaut à la recherche de Napoléon ; celui-ci n'arriva sur les lieux qu'à la nuit close lorsqu'il était trop tard pour débusquer l'ennemi de la ville de Hanau. Si le fait est vrai, il peut être cité comme un nouvel exemple des inconvénients de l'étiquette ridicule qui présidait à tous les mouvements de la garde, étiquette à laquelle, par une fatalité singulière, il ne fut dérogé que sur le champ de bataille de Waterloo, pour causer la perte de l'armée.

Quoi qu'il en soit, Exelmans passa la nuit avec les restes de sa division dans la plaine près de Hanau, sans pouvoir même se procurer de l'eau pour ses hommes et pour ses chevaux. Cette nuit fut extrêmement pénible pour lui, car, en dépit de sa fatigue et des contusions résultant de sa chute de cheval, il ne put prendre un instant de sommeil tant l'ennemi était rapproché de lui et tant il fallait apporter d'attention à ses moindres mouvements. Pendant toute la journée, 500 ou 600 hommes de sa division, auxquels il avait fait mettre pied à terre, avaient été placés par lui sur la droite du chemin dans la forêt, pour tenir tête à deux bataillons bavarois qui cherchaient à le prendre en flanc. Ces 600 hommes étaient commandés par le général Wathiez, ancien aide de camp et beau-frère de Lasalle, qu'il ne faut pas confondre avec le général de division Watier de Saint-Alphonse alors enfermé dans Hambourg. Le général Wathiez, qui paraît avoir été supérieur à son quasi-homonyme et qui est donné par le maréchal Exelmans comme un officier aussi instruit qu'intelligent, s'acquitta à merveille de cette mission. Le lendemain, le 2e corps de cavalerie, toujours commandé par Sébastiani et dont la division Exelmans formait l'avant-garde, arriva à Francfort où on trouva les Bavarois qui s'empressèrent d'évacuer la ville et de repasser sur la rive gauche du Mein. La division Exelmans y maintint l'ordre le plus parfait jusqu'à l'arrivée de l'Empereur. Le surlendemain, cette division passa le Rhin à Mayence et en descendit le cours sur la rive gauche jusqu'à Nimègue avec le 11e corps. Le général Sébastiani, ayant été appelé au commandement du 5e corps d'armée (infanterie), en remplacement du général de Lauriston, fait prisonnier à Leipzig, le général Exelmans fut investi du commandement du 2° corps de cavalerie. Au bout de quelques jours, il reçut du maréchal Macdonald l'ordre de se diriger avec quelques bataillons d'infanterie vers le fort Saint-André au confluent de la Meuse, afin de le reprendre aux Prussiens qui l'occupaient et de couvrir le passage d'un corps de troupe dans l'île de Bommel. Ce passage devait s'opérer sur la glace, mais Exelmans s'assura personnellement dans la nuit que la glace ne portait pas; il renonça à cette entreprise et se borna à envoyer son aide de camp sommer le commandant des forts d'avoir à se rendre. Cet officier fut reçu à coups de canon, et l'ennemi profita de la circonstance pour tenter une sortie qu'Exelmans fit refouler dans le fort par deux bataillons de la brigade du général Bigarré, mis à sa disposition pour ce coup de main. Il revint alors à Nimègue. J'emprunte d'ailleurs à la notice que j'ai déjà citée, le récit textuel de cette partie de la vie du général Exelmans, portant sur des événements assez peu connus.

« Le général Exelmans était à peine de retour à Nimègue qu'il quitta cette ville pour venir passer la Meuse à Grave. Comme le fleuve charriait, il le remonta sur la gauche avec six escadrons seulement; le reste du 2° corps de cavalerie ne pouvant effectuer le passage à cause des glaces, suivit à droite le 11° corps d'armée qui alla à Ruremonde et de là à Maestricht. Exelmans avait l'intention de déboucher de Grave pour inquiéter la marche du corps prussien qui avait traversé Bommel et pour rejoindre le général Maison qui était de ce côté, mais le maréchal Macdonald, n'ayant pas donné son consentement à ce projet, il remonta la Meuse sans difficulté. Cependant les Prussiens vinrent occuper Liège, d'où ils chassèrent la brigade de cavalerie légère du général Castex, à laquelle ils firent éprouver de grandes pertes. Exelmans, suivant la retraite du 11° corps, arriva sur la Marne dans les premiers jours du mois de février 1814, au moment où l'Empereur commençait sa marche pour descendre la vallée de la Seine et se diriger ensuite vers Champaubert. Le maréchal Macdonald avait été chargé d'aller retirer la garnison de Vitry, réduite à 500 hommes avec 24 bouches à feu et 300 voitures. Le général Exelmans, qui commandait son avant-garde, rencontra à une lieue du village de la Chaussée le corps de

Bulow ; il se replia pour couvrir le quartier général de Macdonald, installé dans ce village posté en avant du défilé ; il fut attaqué le lendemain matin par Bulow. La brigade du général Dommanget (débris des 2ᵉ et 9ᵉ hussards et 4ᵉ chevau-légers) ainsi que la brigade de cuirassiers du général Théry (5ᵉ, 8ᵉ et 10ᵉ régiments) soutinrent le choc avec leur fermeté ordinaire, mais la brigade des carabiniers fut attaquée avant d'avoir pu se former à la droite de la route et le général Exelmans dut repasser le défilé. Le maréchal Macdonald ne lui permit pas d'attendre une nouvelle attaque des Prussiens en arrière du défilé, et ce fut le général Édouard de Colbert qui, avec les lanciers rouges de la garde, eut à supporter le choc. Le 11ᵉ corps d'armée passa la Marne à Châlons et le général Exelmans fut envoyé avec le 2ᵉ corps de cavalerie à Vatry, sur la route de Châlons à Troyes, à quatre lieues de Châlons. Il y releva le 3ᵉ corps de cavalerie commandé par le général duc de Padoue. Il poussa le 5 février une reconnaissance à deux lieues, sur la route de Troyes. Ce mouvement avait pour but principal de couvrir celui du général Montmarie, revenant de Vitry par la rive gauche de la Marne. Le général Exelmans fut suivi par 5,000 hommes du corps de Sacken qui s'engagèrent avec son arrière-garde pendant qu'il se retirait par échelons. Il avait reçu l'ordre de partir le soir même pour se rendre à Montmirail par la Tour-du-Mont-Aimé, en escortant un convoi de 400 voitures environ. Il disposa ce convoi en un carré long à double rang de voitures, mais à centre vide avec une batterie, un bataillon et quelques escadrons sur chaque face, afin de pouvoir marcher et combattre en parcourant la plaine. Toutefois, au lieu de passer par la Tour-du-Mont-Aimé, il franchit la Sommesoude et descendit la rive droite de cette rivière qui le séparait de l'ennemi. Il n'effectua ce passage qu'une heure avant la nuit, afin de ne pas donner à l'ennemi l'occasion d'attaquer sérieusement le convoi. Mais au moment où l'arrière-garde avec laquelle marchait le général Exelmans allait s'engager sur le pont, elle fut attaquée par une division de 5,000 hommes qui la suivait ; un quart d'heure après, les troupes légères de l'ennemi se présentèrent devant la tête du convoi, où le général avait placé un bataillon et quelques escadrons. Ces troupes légères furent facilement repoussées, mais alors une longue ligne se déploya dans la plaine, sur la gauche de la rivière : c'était le corps entier de Sacken s'élevant à l'effectif total de 22,000 hommes, y compris les 5,000 qui avaient suivi l'arrière-garde. Ce corps était disposé en un grand triangle d'environ une lieue de côté, dont la base était formée par la rivière. Exelmans s'était bien gardé de se jeter dans cette souricière où Sacken cherchait à l'attirer. Le général russe fit alors placer sur les bords de la Sommesoude une batterie de 20 canons qui se mit à tirer sur le convoi, le feu ayant pris alors à quelques caissons, les conducteurs et les chevaux s'effrayèrent et s'enfuirent à la débandade à travers la plaine vers la Marne, le général Exelmans fit répondre à cette artillerie par une batterie de six canons de douze. L'ennemi fit alors passer la rivière à un fort parti de cavalerie et Exelmans se retira par les vignes jusqu'à Saint-Denis, sur la route de Châlons à Montmirail, où il traversa à son tour la Sommesoude à la faveur de la nuit en faisant cesser le feu pour dérober ses traces au corps ennemi. Il fit ensuite courir après les voitures du convoi qu'il dirigea sur Épernay où se trouvait le maréchal Macdonald. Il ne perdit que 50 caissons qui avaient été abandonnés par les conducteurs. »

Ce même jour, 5 février, Blücher, qui s'était séparé de la grande armée de Schwarzenberg, était entré à Châlons. D'après ce que le général Exelmans avait pu pénétrer des projets de Sacken, celui-ci devait marcher vers La Ferté-sous-Jouarre, afin d'arrêter le corps de Macdonald et l'empêcher de se joindre à l'Empereur. Après avoir passé la nuit du 5 au 6 février à Saint-Denis, Exelmans se rendit le lendemain à Vertus d'où le maréchal Macdonald l'envoya, le 9 février, au-devant de Sacken, vers le Morin ; il trouva en effet l'ennemi à deux lieues au delà de cette rivière et reçut l'ordre du maréchal de se retirer sur La Ferté-sous-Jouarre, ce qu'il fit en combattant jusqu'à deux heures du matin. Le général Molitor, arrivé avec sa division, eut à livrer le 12 février un rude combat contre des forces très supérieures, mais il fut secouru à temps par la division Albert, et tout le corps d'armée se retira le lendemain sur Meaux en se couvrant de la Marne. Le général de Saint-Germain qui, comme nous l'avons vu, commandait la division de grosse cavalerie du 2ᵉ corps, était arrivé à Meaux ; il réclame le commandement en s'appuyant sur son droit d'ancienneté et sur les ordres de l'Empereur ; Exelmans qui, en effet, était le moins ancien, n'hésita pas à céder le commandement et revint à Paris fort mécontent, malgré la fatigue dont il était accablé, de se voir ainsi éliminé. On sait que le maréchal Macdonald, ne croyant pouvoir rien tenter avec son corps d'armée démoralisé par une longue retraite, laissa échapper Sacken lorsque ce général, battu par l'Empereur à Château-Thierry, fut refoulé vers La Ferté-sous-Jouarre. Quoique la cavalerie de Macdonald eût eu le dessus dans un engagement avec les troupes légères de l'ennemi, ce maréchal ne fit rien pour compléter les brillants succès que l'Empereur venait de remporter sur l'armée de Silésie. Les troupes de Sacken purent même repasser la Marne et rejoindre Blücher qui, lui-même, allait retrouver sur la Seine, à Méry, la grande armée de Schwarzenberg.

Pendant ces diverses manœuvres, l'Empereur avait battu Alsouvief à Champaubert, Yorck à Montmirail, Sacken à Château-Thierry, Blücher à Vauchamps, et avait couru sur la basse Seine au secours des maréchaux Oudinot et Victor en appelant à lui le maréchal Macdonald. Mécontent, pendant la bataille de Vauchamps, du général Guyot, qui commandait la division de grosse cavalerie de la vieille garde, il avait brusquement destitué ce général et prescrit au général Nansouty, commandant toute la cavalerie de la garde impériale, de le remplacer par le général Exelmans. C'était là, pour celui-ci, un ample dédommagement à la perte du commandement du 2ᵉ corps de cavalerie que le général Saint-Germain était venu lui enlever. La deuxième division de la cavalerie de la garde comprenait les dragons du général Letort, qui venaient de se couvrir de gloire à Château-Thierry, et les lanciers polonais. Lorsque l'Empereur, appelé par Marmont et Mortier, se lança à la poursuite de Blücher qui semblait irrévocablement perdu, il fut arrêté par la funeste capitulation de Soissons ; il prescrivit au général Nansouty de forcer le passage de l'Aisne à Berry-au-Bac. Cette tâche fut confiée à Exelmans, à ses dragons et aux lanciers polonais du général Krazinski. Ces vaillantes troupes, sur le signal donné par le maréchal Ney, franchirent le pont en colonne par quatre au grand galop avant que l'ennemi eût le temps de se mettre en défense et s'emparèrent de 200 prisonniers avec deux

pièces de canon. L'ennemi fut poursuivi jusqu'au delà de Cor-
bény. Cela se passait le 5 mars, le passage dura jusqu'au surlendemain.

Deux bataillons de la garde impériale délogèrent l'ennemi du
village de Craonne et cherchèrent, sans y réussir, à s'installer
sur le petit plateau qui domine le village. Ce petit plateau, sorte
de promontoire terminé du côté de la rivière de l'Aisne par des
pentes presque à pic d'une altitude d'environ 150 mètres, est relié au
grand plateau par un isthme de 130 mètres de largeur au milieu
duquel s'élève la ferme d'Hurtebise. Blücher avait disposé sur le
grand plateau le corps de Woronzoff, fort de 16,300 fantassins,
2,200 cavaliers et 96 canons, ayant en réserve les trois divisions
du corps de Sacken, d'un effectif total d'environ 13,500 hommes. Il comptait, pendant que Napoléon attaquerait de front cette
position formidable, qu'on ne pouvait aborder que par l'isthme
d'Hurtebise, le faire tourner par plus de 10,000 chevaux et 60 pièces d'artillerie légère, sous les ordres de Wintzingerode, aide de
camp de l'empereur de Russie, considéré comme le premier sabreur de l'armée alliée. Ce mouvement tournant échoua complètement, et la bataille sanglante de Craonne se réduisit à l'attaque du
plateau, attaque d'autant plus difficile qu'en dehors de l'isthme ou
plutôt de l'étranglement d'Hurtebise, les flancs de la montagne
tombent presque à pic au nord et au sud. C'est pourtant par ces
escarpements que dut s'élever la cavalerie de la garde afin de
tomber sur le flanc droit du corps de Woronzoff. Le maréchal Ney
qui, dans la soirée du 6 mars, s'était emparé de la ferme d'Hurtebise et avait été forcé de l'évacuer, se trouvait sur le petit plateau
avec deux bataillons de la garde. Après une canonnade assez insigni-
fiante, le maréchal se lança à l'attaque du plateau défendu par trois
lignes d'infanterie que protégeaient sur la droite cinq régiments
de cavalerie et que soutenait en arrière tout le corps de Sacken ayant
une cavalerie de 4,200 chevaux, 96 bouches à feu, dont 30, placées
en réserve, défendaient les abords de la position. Les soldats du maréchal Ney parvinrent cependant à prendre pied sur le plateau;
l'Empereur les fit soutenir à la gauche par la division de la jeune
garde Boyer de Rebeval, que commandait le général Victor; celui-
ci ne tarda pas à être mis hors de combat par une balle qui lui tra-

vers a la cuisse et la division Boyer, composée de jeunes conscrits, dut tenir pendant plus d'une heure sous un feu de mitraille des plus nourris en attendant l'entrée en ligne de la cavalerie. Une brigade des dragons d'Espagne commandée par les généraux Grouchy et de Sparre déboucha la première sur le flanc gauche de l'ennemi et enleva une batterie de douze pièces de canon, dont elle sabra les artilleurs. En même temps, le général Nansouty, à la tête des divisions Colbert et Exelmans, réalisait le dire de Frédéric le Grand, à savoir que partout où une chèvre passe un cavalier peut passer ; guidés par un ancien officier, camarade de Napoléon au régiment de la Fère, actuellement maire d'une des communes des environs [1], les lanciers, les dragons et les éclaireurs de la garde gravissaient au-dessus de Vassoigne des sentiers escarpés où il fallait défiler homme par homme. Ces beaux escadrons parvinrent enfin à se former sur les crêtes du plateau ; ils se lancèrent au galop contre la droite de l'ennemi : quatre régiments de cosaques furent dispersés, les hussards de Paulowgrad, qui les appuyaient, furent rompus à leur tour, deux bataillons russes furent refoulés jusque sur la crête, toute la droite de l'armée ennemie semblait près d'être précipitée dans les ravins à pic lorsqu'une batterie de réserve, subitement démasquée, arrêta la cavalerie de la garde et la ramena jusqu'aux crêtes de Vassoigne. A l'autre extrémité de la ligne, deux régiments d'infanterie fondirent à la baïonnette sur les dragons de Grouchy. Ce général fut grièvement blessé ; le général de Sparre fut à son tour mis hors de combat ; les dragons, restés sans direction, tournèrent bride au galop entraînant dans leur déroute les fantassins du maréchal Ney. La bataille semblait perdue lorsqu'arrivèrent enfin la 3ᵉ division de cavalerie de la garde (chasseurs et grenadiers à cheval) commandée par le général Laferrière, la division d'infanterie Charpentier et la réserve d'artillerie, forte de 72 bouches à feu, la plupart de la garde, conduite par le général Drouot. Les grenadiers et les chasseurs, franchissant au galop l'isthme d'Hurtebise, tombent en pleine carrière sur le centre de la ligne ennemie. A la faveur de cette brillante charge, la division Charpentier prend pied sur le plateau et rallie les fan-

----

1. Henri Houssaye, *1814*.

tassins de Ney et de Boyer de Rebeval. Les 72 pièces de Drouot, dont Napoléon vient lui-même diriger le tir, ouvrent un feu épouvantable, et Nansouty déploie en ligne sur la gauche (droite de l'ennemi) ses trois divisions de cavalerie. Exelmans, placé à l'extrémité de cette ligne, changeant de front à droite, se précipite sur la cavalerie russe, la rejette sur son infanterie déjà en retraite et change la retraite en déroute. Les 4,500 cavaliers de Sacken se portent alors au-devant de la cavalerie de la garde ; les charges se multiplient ; les cavaliers de Sacken sont refoulés sur les carrés de l'infanterie ; une batterie de 36 pièces placée par Sacken lui-même, arrête un instant l'élan des divisions Exelmans, Colbert et Laferrière, mais cette batterie est bientôt réduite au silence par l'artillerie de Drouot ; les alliés sont alors menés tambour battant sur une distance de 15 kilomètres. La nuit seule interrompt la poursuite. Telle fut la sanglante bataille de Craonne où le quart des combattants resta sur le terrain (plus de 5,000 soldats de chaque côté). Le général de Laferrière fut amputé de la cuisse sur le champ de bataille, Victor et Grouchy furent mis hors de combat pour jusqu'à la fin de la campagne.

La bataille de Laon eut lieu les 9 et 10 mars ; on sait comment l'attaque dirigée par Napoléon contre la position formidable de Laon échoua par suite de la surprise et de la déroute du corps de Marmont. La cavalerie ne joua qu'un rôle secondaire dans ces deux terribles journées ; après avoir été repoussé et avoir perdu plus de 6,000 hommes, Napoléon rentra le 11 mars dans Soissons, réorganisa son armée fortement éprouvée par les batailles de Craonne et de Laon et, apprenant tout à coup qu'un corps d'armée russe commandé par l'émigré Saint-Priest s'était emparé de Reims dans la journée du 11 mars, il se dirigea sur cette ville avec les divisions Exelmans et Colbert, le corps du maréchal Ney et la vieille garde commandée par Friant. Le maréchal Marmont devait s'y porter de son côté avec son corps d'armée et la cavalerie de Bordesoulle. La ville de Reims fut reprise après un brillant combat dans lequel fut tué le comte de Saint-Priest. Exelmans fit dans le combat une belle charge à la tête des dragons et des lanciers polonais de la garde. C'est alors que Napoléon se décida à se diriger sur l'Aube, où Macdonald, Oudinot et Gérard venaient d'être forcés de battre en retraite devant Schwarzenberg. La division Exelmans formait l'avant-garde, l'Empereur la lança à travers champ pour aller flanquer la droite des troupes qui occupaient déjà Arcis. « Nous trouvâmes les Russes sur l'Aube, écrit un général qui prit part à cette campagne avec la cavalerie de la garde, ils nous en disputèrent mollement le passage, un gué nous permit de franchir la rivière et nous eûmes alors sur les bras une multitude confuse de cosaques. Ils employèrent leur tactique ordinaire qui est d'investir et de couper les pelotons d'avant-garde et de tenir bon sur quelques positions d'où leur artillerie prodigue son feu jusqu'à ce qu'elle soit sérieusement menacée. Un escadron qui s'ébranle pour les charger les fait détaler. Éparpillés dans la plaine, ils ne perdent que ceux d'entre eux dont les chevaux ont failli, ou qui, attardés par leurs blessures, n'ont pu suivre la piste de la tribu. Nous poussâmes ainsi les Cosaques jusqu'à trois heures d'Arcis. Le lendemain 19, la chasse aux cosaques recommença, cette fois ils étaient appuyés d'une nombreuse cavalerie régulière, mais nous poussâmes le tout devant nous sans grande résistance. Le soir, les cosaques, n'osant défendre un village que nous allions attaquer, l'évacuèrent, en y laissant quelques hommes pour le brûler. Averti par les flammes, le général Exelmans, qui était *haut à la main*, se jeta presque seul dans ce dédale de chaumières, en chassa les incendiaires et sauva les trois quarts du village. Le lendemain, ces brigands, trouvant ce qu'ils avaient fait tout simple, nous envoyèrent deux parlementaires pour réclamer le cadavre d'un de leurs chefs tué la veille. Les paysans, exaspérés, tombèrent sur les deux émissaires qui étaient sur le point d'être pendus quand on les tira de leurs mains. »

Cependant l'Empereur, après avoir rejoint la cavalerie de Sébastiani, s'était porté au grand trot sur Méry avec les grenadiers et chasseurs de la garde, à la tête desquels Letort avait remplacé le général Laferrière, et qui étaient soutenus par la brigade de cavalerie légère de Curély. Ces troupes culbutèrent l'arrière-garde des Wurtembergeois, les sabrèrent et enlevèrent l'équipage de pont de la grande armée de Bohême. L'Empereur revint ensuite coucher à Plancy, en laissant Letort et Curély à Méry. L'ennemi semblait en pleine retraite ; en conséquence, Napoléon donna rendez-vous à Arcis aux maréchaux Ney et Oudinot, ainsi qu'aux généraux Lefebvre-Desnoëttes et Gérard. Le général Sébastiani, avec les divisions Colbert et Exelmans, se dirigea sur Arcis, tandis que le maréchal Ney occupait le village de Torcy-le-Grand. Sébastiani, s'étant porté en avant pour reconnaître le plateau situé sur la gauche de la route, se trouva tout à coup en face des lignes profondes de la cavalerie de Schwarzenberg qui, s'étant ravisé, avait donné l'ordre d'attaquer les Français. L'artillerie à cheval de la garde, placée à l'extrême droite sous l'escorte d'un escadron de lanciers polonais, ne tarda pas à être en péril. Les lanciers plièrent, l'artillerie se retira un peu précipitamment au milieu des flots de la cavalerie ennemie; les lanciers polonais, entamés, se débandèrent et entraînèrent dans leur fuite toute la division Colbert ainsi que la division Exelmans. En vain les généraux galopant derrière les escadrons criaient à tue-tête le commandemant du demi-tour pour faire face à l'ennemi, la situation empirait à tout moment. « L'ennemi, dit un acteur de cette scène, se dirigeait à droite et à gauche de la route cherchant à devancer les nôtres, à leur couper le chemin et à les noyer dans ses rangs, car il était en nombre démesuré et il roulait notre cavalerie comme la mer roule ses galets. Tout à coup, le torrent se ralentit et s'arrête comme par enchantement, qu'était-il arrivé? Les dragons avaient vu sur la grande route l'Empereur à cheval, l'épée à la main; il n'en fallut pas plus : le général Exelmans fait volte-face et se précipite sur un hussard autrichien qu'il désarçonne; ses dragons l'imitent avec entrain, les chasseurs en font autant; chacun veut laver sa honte; l'ennemi, qui poursuit de confiance, ne peut arrêter à temps l'élan de ses chevaux et il s'enferre avant d'être revenu de sa surprise. Ce retour offensif le trouble, il tourne bride à son tour et les nôtres reprennent leur position. Pendant ces phases diverses, continue le même témoin, j'étais fort perplexe. Isolé sur le grand chemin avec mes canonniers d'ordonnance et dépassé par les dragons et les chasseurs, je les suivais pour n'être pas pris; mais, à vrai dire, il n'y manquait que la sommation de rendre mon épée, car j'étais entre deux masses de hussards bavarois, séparé d'eux seulement par les fossés de la route, et s'ils ne mettaient pas la main sur moi, c'était pour ne pas se distraire de la poursuite. Il n'y avait qu'un fossé

entre le général Exelmans et moi, lorsqu'il donna le bon exemple
aux dépens d'un hussard autrichien. C'est là aussi que je vis l'Empereur et le frémissement qui remua la cavalerie à sa rencontre. »

La position restait grave : Ney était aux prises à Torcy-le-Grand
avec tout le corps du comte de Wrède et foudroyé par 72 canons.
Après avoir perdu et repris le village, il semblait devoir succomber
lorsqu'enfin apparut la vieille garde. La lutte qui continua dans
ce village de Torcy, fut une des plus terribles dont fasse mention
l'histoire de nos guerres et rien ne saurait égaler l'héroïsme avec
lequel les soldats du maréchal Ney et les grenadiers de Friant se
maintinrent dans Torcy, contre les attaques de troupes sans cesse
renouvelées. Ils furent aidés par l'artillerie à cheval de la garde
dont les quatre compagnies, placées à la droite du village, tirè-
rent sans relâche sur la formidable artillerie des Austro-Bavarois.
« Il y avait à ma droite, dit le colonel commandant l'artillerie de
la garde, un corps de cavaliers garde-côtes ; ces hommes détournés
de leur vie toute pacifique et appelés brusquement à faire la
guerre, étaient inexpérimentés et commandés par des officiers qui
n'en savaient pas plus qu'eux. Ils se conduisirent avec une intrépidité inouïe. La fatalité, et peut-être leurs uniformes blancs, atti-
rèrent sur eux plus que leur part de boulets ; trois de leurs caissons
sautèrent parce qu'on les avait mis trop près de leurs pièces, et firent
parmi eux de véritables massacres. La plupart de leurs canons furent démontés, et ils furent presque tous tués sans qu'aucun d'eux
montrât la moindre faiblesse. J'en dirai autant d'une jeune infanterie qui m'appuyait ; à la fin du jour, ce bataillon n'était qu'un amas
d'hommes mutilés et d'armes brisées. La place était mauvaise car,
resserrés sur un centre dont l'ennemi occupait la circonférence, tous
les boulets convergeaient sur nous à coups sûrs. Vingt fois dans la
journée, le Grand-Torcy fut abordé par une infanterie d'élite, la
fleur de l'infanterie autrichienne, vingt fois l'assaut fut repoussé.
Il réussit enfin et l'ennemi entra dans le village, mais ce fut pour
y périr sur nos baïonnettes, car le maréchal Ney ne tarda pas à y
rentrer et n'en sortit plus. Pendant cette lutte, les lanciers de Colbert et les dragons d'Exelmans, tantôt ramenés, tantôt ramenant,
ne cessaient pas de lutter contre les cavaleries autrichienne et
russe et la 3e division de la garde, qui s'était mise en route de

Méry pour rejoindre Arcis-sur-Aube, était attaquée sur la route par près de 4,000 cavaliers cosaques réguliers, hussards russes, cuirassiers autrichiens et dragons wurtembergeois. Grâce à l'intervention opportune de la brigade Curély, les grenadiers et les chasseurs de la garde parvinrent à battre en retraite sur Méry. Enfin, entre sept et huit heures du soir, le général Lefebvre-Desnoëttes déboucha sur le champ de bataille avec ses escadrons de marche; les chevaux étaient harassés de fatigue, on les laissa souffler quelque temps, puis Sébastiani réunit ces escadrons, d'un effectif total de 1,500 sabres, aux divisions Colbert et Exelmans et s'élança à leur tête sur la cavalerie ennemie qui, culbutée et pliant sous le choc, s'enfuit en désordre. L'infanterie alliée, menacée de flanc, était elle-même compromise, lorsqu'un régiment de grenadiers russes et la mitraille d'une batterie bavaroise arrêtèrent l'élan de Sébastiani. La cavalerie ennemie, rapidement ralliée autour de la garde à cheval prussienne, parvint alors à repousser les Français. « Il était plus de minuit, les deux cavaleries, dit M. Henri Houssaye, passèrent la nuit à portée de carabine, séparées par le village de Nosay. De crainte d'une nouvelle alerte, les hommes sommeillèrent debout le bras passé dans la bride. » Nous n'avions pas perdu un pouce de terrain. « A Arcis-sur-Aube, l'Empereur pouvait être anéanti, dit l'auteur que j'ai déjà cité, 10,000 hommes avaient combattu contre 20,000 (16,000 contre 25,500, suivant M. Henri Houssaye); la seule chance heureuse de Napoléon était de n'être pas anéanti. Cette chance se réalisa parce qu'il y avait dans sa petite armée deux hommes de guerre inestimables, lui et le maréchal Ney, et des soldats dignes d'eux. » La lutte avait duré huit heures; outre le désavantage du nombre, les Français avaient celui de la position, étant dominés et ayant une rivière à dos, ils avaient perdu 1,800 hommes et en avaient tué à l'ennemi plus de 2,500.

Le lendemain, Napoléon et Schwarzenberg passèrent la matinée dans l'inaction : le premier attendait tous ses renforts pour livrer à l'ennemi une bataille qu'il pensait être décisive; le second, croyant avoir affaire à des forces beaucoup plus nombreuses, restait sur la défensive. Vers les neuf heures du matin, Napoléon donna le signal de l'attaque générale. Toute la cavalerie comprenant les trois divisions de la garde, les 2e et 5e corps de cavalerie, la brigade de cuirassiers Mouriez, et formant une ligne imposante de 9,500 sabres, s'ébranla sous les ordres de Sébastiani. Ney marchait avec trois divisions d'infanterie; la vieille garde et la belle division Leval, composée de troupes d'Espagne, étaient placées en réserve. Tout à coup on se trouva en présence de la grande armée de Bohême forte de 100,000 hommes, disposée sur cinq lignes et couverte par 370 bouches à feu. L'Empereur ordonna immédiatement la retraite qui s'opéra, on peut le dire, dans un ordre miraculeux. Le général Exelmans vint se placer en avant du village de La Villette pour couvrir le mouvement du maréchal Ney, qui passa l'Aube sur un pont léger construit tout exprès. Les lanciers polonais étant restés avec le général Sébastiani en avant d'Arcis, Exelmans n'avait avec lui que les dragons. Au moment où, pour suivre le maréchal Ney, il allait commencer son mouvement de retraite, il fut croisé et arrêté par Sébastiani et les lanciers polonais. Serré de près par l'ennemi, il jeta sur lui 300 ou 400 dragons déployés en tirailleurs, afin de l'arrêter un moment. C'est au dévouement de ces dragons, dont plus de 50 trouvèrent là une mort glorieuse, qu'il dut de pouvoir repasser le pont à son tour avec tout son monde sous le feu d'une batterie de 20 pièces de canon couronnant un tertre qui dominait de trente à quarante mètres la rive droite de l'Aube. Il n'avait d'ailleurs avec lui qu'une demi-batterie et trois compagnies de sapeurs de la garde. Lorsque sa division se fut éloignée du pont à la distance d'une portée de canon, il ordonna qu'on y mît le feu, qu'on tirât dessus et qu'on le coulât bas, recommandant expressément d'apporter le plus grand soin à cette opération pour faire croire à l'ennemi qu'il ne restait point d'autres moyens de communication. La ruse eut un plein succès, l'ennemi s'acharna à vouloir forcer dans Arcis-sur-Aube le maréchal Oudinot et la division Leval. A la faveur de cette lutte acharnée, l'Empereur put se retirer sur Vitry ; les divisions Colbert et Exelmans, formant avec la division Leval l'arrière-garde, luttèrent jusqu'au dernier moment. « Rien ne témoigne plus hautement, dit un témoin oculaire, de la valeur d'une armée que le sang-froid qui voit le péril dans sa réalité, mais rien au delà. Les rues regorgeaient d'hommes et de chevaux, de caissons et de bouches à feu, sur lesquels pleuvaient les obus et la mitraille. Il y avait là tous les éléments d'un désastre presque inévitable, mais la fermeté des soldats l'arrêta. L'artillerie de la garde prit position au delà de la ville pour soutenir l'arrière-garde, le maréchal Ney commandait cette arrière-garde, toujours préféré quand il fallait aller à la peine ; il résista jusqu'à la fin. » Une partie de la division Leval, cernée et fusillée à bout portant dans les rues d'Arcis-sur-Aube, faillit être prise. Le général Chassé, celui qui devait défendre contre nous, en 1832, la citadelle d'Anvers, prit la caisse d'un tambour tué, battit la charge, entraîna une centaine de vieux soldats avec lesquels il se précipita sur l'ennemi la baïonnette en avant et dégagea les abords du pont ; le passage de la rivière continua en bon ordre et les sapeurs de la garde détruisirent le grand pont. L'armée marcha sur la Marne, où l'ennemi la suivit, mais qui la passa à son tour au gué de Frémicourt. Le parc de réserve d'artillerie du maréchal Macdonald fut enlevé.

Cependant les souverains et généraux alliés, trop bien informés par les ennemis de l'Empereur de ce qui se passait dans Paris, avaient brusquement changé de résolution et, laissant l'Empereur s'aventurer sur leurs derrières, ils se portaient en masse vers Paris. Dès le 22 mars, la cavalerie des Russes se montra provocante, leur infanterie prit de fortes positions qu'elle défendit sérieusement l'une après l'autre, ne cédant que devant la force et le nombre. On crut tout d'abord au succès de la manœuvre qui avait pour but d'attirer sur nous l'armée d'invasion : on y crut, tant on le désirait et tant on l'espérait. Néanmoins la journée se passa en escarmouches, les Russes voltigeaient de colline en colline et s'échappaient toujours en sacrifiant quelques pelotons ; ils s'amusaient à fatiguer notre cavalerie. Le général Sébastiani ne laissait pas de les poursuivre avec ardeur et il y excitait la cavalerie de la garde ; mais le général Exelmans, qui commandait les dragons, boudait et n'avançait qu'avec répugnance. Il disait que nous étions dupes d'une feinte et qu'il fallait galoper en sens inverse de la direction où cherchait à nous attirer l'ennemi ; il poussa même la divergence d'opinion jusqu'à déclarer qu'il n'irait pas plus loin, et, sommé par le général Sébastiani d'avoir à lui obéir, il persista dans son refus et le général Sébastiani en eut tout le déboire, car le déni d'obéissance fut public. En temps ordinaire, les choses n'en seraient pas restées là, mais l'Empire s'écroula huit jours après et l'incident disparut dans la catastrophe. Exelmans qui, au fond, avait raison, eut même le dessus et on vint bivouaquer presque au coin d'où nous étions partis la veille. Pourtant l'intention de percer sur Vitry s'accentua le lendemain 25, d'épaisses colonnes se maintenaient sur notre droite en suivant une direction parallèle à la nôtre; le soir il fallut traverser un village qu'elles occupaient : le général Exelmans s'y porta avec ses dragons et s'en rendit maître avec l'appui d'une batterie de la garde. Toute la cavalerie de la garde franchit la Marne au gué de Frémicourt et bivouaqua sur la berge. Le 27 fut une journée sanglante. Marchant sur Saint-Dizier, l'armée chassa devant elle les partis ennemis qui coururent se mettre sous la protection d'une belle et bonne infanterie postée sur les hauteurs, dans le voisinage de la ville, tandis qu'une nombreuse cavalerie, se déployant dans la plaine, accusait l'intention de nous barrer la route. Aussitôt nos troupes se formèrent d'après les ordres de l'Empereur et la canonnade s'engagea de part et d'autre. Après avoir essuyé plusieurs charges de cavalerie, les Russes se mirent en retraite sur la route de Bar, en nous abandonnant une partie de leurs canons.

Mais cette retraite n'était qu'une feinte: l'arrière-garde s'arrêtait toutes les fois que le terrain se prêtait à la lutte : forcée sur un point, elle recommençait sur un autre, semant stoïquement des centaines de cadavres partout où elle cherchait à résister. Elle se replia enfin sur un village où elle trouva les siens combattant avec acharnement en travers de la grande route; deux carrés d'infanterie et plusieurs escadrons appuyés par une nombreuse artillerie en défendaient les approches. Les dragons de la garde ayant reçu l'ordre de charger ces carrés, les eurent bientôt démontés malgré les haies et les fossés dont ils étaient couverts ; ce qui ne fut pas tué se rendit et mit bas les armes. Les dragons passent outre le sabre en l'air, poursuivant les cavaliers russes à travers le village; mais alors les bataillons qui s'étaient rendus ramassent leurs fusils, font feu sur les dragons à bout portant et en abattent un grand nombre, il fallut alors rebrousser chemin et enfoncer derechef les carrés qui se défendirent en désespérés sachant bien quel châtiment les attendait. Ils furent rompus et tous les soldats passés par les armes. Cette résistance désespérée d'une arrière-garde n'était qu'une nouvelle feinte, l'armée ennemie n'était plus là. Dès le lendemain 28, le mouvement sur Fontainebleau commença, la division Exelmans fit treize lieues pour se porter de Vitry à Villeneuve en passant par Vassy. Le 29 elle coucha à Marolles, le 30 à Villeneuve-l'Archevêque, le 31 à Moret; il était trop tard, Paris avait capitulé.

Ce n'est pas ici le lieu de refaire l'histoire des événements d'Essonnes et de Fontainebleau ; l'empire était tombé, le gouvernement de la Restauration conserva les cadres de l'armée et la vieille garde elle-même resta une troupe privilégiée, sous les noms de grenadiers, chasseurs, lanciers et dragons de France. Exelmans fut maintenu dans son grade de général de division, nommé inspecteur général et chevalier de Saint-Louis ; mais tout changea subitement au mois de novembre 1814. Murat régnait encore à Naples, le général Exelmans lui était resté fidèle. Profitant du départ du médecin du roi, il lui écrivit une lettre, très correcte d'ailleurs, pour se rappeler à son souvenir, le remercier des bontés qu'il avait toujours eues pour lui et le féliciter de ce que la plupart des souverains de l'Europe avaient reconnu la légitimité de son titre. La lettre se terminait par de vives protestations de reconnaissance et de dévouement. Elle fut dérobée à celui qui en était le porteur et communiquée au roi Louis XVIII qui fit avertir Exelmans par le ministre de la guerre Dupont d'avoir à se montrer à l'avenir plus circonspect. Mais, quelque temps après, Dupont fut remplacé au ministère de la guerre par le maréchal Soult qui, pour se faire bien venir de la cour, déploya un zèle ultra-royaliste. Soult fut secondé avec ardeur par le général Maison, nommé gouverneur de Paris. Le général Exelmans fut prévenu par une lettre ministérielle, en date du 10 décembre, qu'il était admis au traitement de demi-activité et fut invité à partir sur-le-champ pour Bar-sur-Ornain, où il devait fixer sa résidence. Dans la législation d'alors, les officiers, ou tout au moins les généraux mis en non-activité, conservaient leurs domiciles. Exelmans qui avait reçu à 11 heures et demie du soir la lettre ministérielle, alla consulter immédiatement le maréchal Macdonald, sous les ordres duquel il avait longtemps servi. Ce maréchal lui répondit qu'il devait y avoir erreur et qu'il lui suffirait sans doute de signaler cette erreur pour obtenir la révocation de l'ordre ministériel. Exelmans sollicita en vain une audience du ministre, il lui exposa par écrit qu'il avait quitté Bar-sur-Ornain depuis vingt ans, que l'état de santé de sa femme ne lui permettait pas de la quitter, que sa fortune était insuffisante pour subvenir aux frais d'un déplacement considérable, enfin que l'état de santé de Mme Exelmans demandait les plus grands ménagements. Le général Maison envoya un officier de gendarmerie pour se saisir de la personne d'Exelmans et l'arracher de vive force à son domicile. Deux gendarmes furent chargés de le garder à vue ; on alla, malgré les supplications de sa femme, jusqu'à le menacer de mort s'il ne cédait. Un officier d'état-major, ayant avec lui une compagnie de grenadiers, 50 gendarmes et une voiture attelée de quatre chevaux, vint, dans la nuit du 29 au 30 décembre, lui signifier l'ordre de le suivre dans la prison de Soissons. Le général Exelmans refusa obstinément d'ouvrir sa porte pendant la nuit ; le lendemain matin l'officier entra chez lui avec les 50 gendarmes et, ne tenant aucun compte de ses protestations, se disposa à le faire arrêter, mais le général trouva moyen de passer dans sa chambre, de quitter son uniforme pour se revêtir d'habits bourgeois, de descendre dans le jardin et de passer dans la rue sans être reconnu des gendarmes. Changeant ensuite trois ou quatre fois de fiacre pour mieux déjouer les recherches de la police, il alla s'installer dans un hôtel. Pendant huit jours de suite lui et son premier aide de camp, le colonel Sencier, qui l'avait rejoint, changèrent chaque jour de logement et de costume. Pendant ce temps une instruction était dirigée contre lui au conseil de guerre de la 16e division militaire séant à Lille. Il écrivit alors plusieurs lettres qu'il savait devoir être saisies par la police et qui étaient destinées à faire croire qu'il était allé rejoindre le roi Murat à Naples. Informé de cette fausse nouvelle, le maréchal Soult s'empressa d'en aller rendre compte au roi qui reçut au même moment une dépêche télégraphique datée de Lille, par laquelle le général Exelmans lui-même annonçait qu'il venait d'arriver dans cette ville et de s'y constituer prisonnier. Quelques jours après il comparaissait devant le conseil de guerre présidé par le général Drouet, comte d'Erlon, et était acquitté à l'unanimité. Il revint alors à Paris et écrivit au roi pour le remercier de lui avoir fait donner des juges. On s'était attendu à la cour à le voir condamner à mort et fusiller ; son acquittement fut accueilli avec désappointement et le maréchal Soult ne lui pardonna jamais. Ce fut la principale des raisons pour laquelle le général Exelmans ne reçut plus tard aucun emploi pendant le règne de Louis-Philippe.

Le général Exelmans resta en disponibilité jusqu'au retour de l'île d'Elbe. On a prétendu que, le 20 mars 1815, il avait été à Saint-Denis soulever contre le gouvernement de la Restauration les officiers en demi-solde réunis dans cette ville pour faire partie de l'armée du duc de Berry, et qu'il s'était mis à leur tête pour marcher sur les Tuileries. Le fait est inexact et a été démenti par Exelmans lui-même. La vérité est que les officiers en demi-solde se dirigèrent spontanément sur Paris et que, les voyant arriver, le général Exelmans se mit à leur tête pour régulariser le mouvement. Ce fut donc lui, en effet, qui reçut dans la cour des Tuileries Napoléon revenant prendre possession de son palais. Le lendemain 21 mars il fut chargé de poursuivre avec quelques escadrons de cavalerie les princes de la famille royale qui, escortés par les débris de la maison militaire du roi, cherchaient à gagner la frontière par Beauvais, Béthune et Lille. Il lui aurait été sans doute facile de s'emparer de la personne de ces princes, et la façon dont il avait été traité par le gouvernement de la Restauration semblait devoir autoriser dans une certaine limite les représailles qu'il aurait exercées. Mais une pareille façon d'agir n'entrait pas dans son caractère ; il remplit au contraire avec une extrême modération la mission qui lui était confiée et se contenta de hâter la retraite des troupes royales en serrant de près leur arrière-garde sans jamais s'engager avec elle. La conduite d'Exelmans pendant la campagne de France, les persécutions dont il avait été l'objet de la part du gouvernement de la Restauration devinrent pour lui une cause de faveur auprès de Napoléon redevenu maître de la France. Le 31 mars il était appelé au commandement de la 1ʳᵉ division de cavalerie du 2ᵉ corps de l'armée du Nord, le 2 juin il était nommé pair de France, et le 5 juin il recevait le commandement du 2ᵉ corps de cavalerie de l'armée de Belgique.

Cette armée comprenait, on le sait, en outre de la garde impériale, cinq corps d'infanterie, savoir : le premier commandé par Drouet d'Erlon, avec la division de cavalerie légère Jacquinot; le second corps commandé par Reille, division de cavalerie légère Piré; le troisième, Vandamme, cavalerie légère Domon; le quatrième, Gérard, cavalerie légère Maurin; le sixième, Lobau (le 5e corps formait, sous les ordres du général Rapp, l'armée du Rhin). La réserve de cavalerie, placée sous le commandement supérieur de Grouchy, comprenait quatre corps : le premier commandé par Pajol, composé de deux divisions de cavalerie légère; le deuxième commandé par Exelmans, formé de deux divisions de dragons; le troisième, Kellermann, deux divisions de dragons, cuirassiers et carabiniers; le quatrième Milhaud, deux divisions de cuirassiers. Le corps d'Exelmans était composé des deux divisions Strolz et Chastel : la première comprenait les 5e et 13e dragons (brigade Burthe) et les 15e et 20e (brigade Vincent); elle portait dans l'armée le numéro de 9e division de cavalerie. La division Chastel, ou 10e division de cavalerie, comprenait les 4e et 12e dragons (brigade Bonnemains) et les 14e et 17e (brigade Berton). Deux batteries d'artillerie à cheval, de six pièces chacune, étaient en outre attachées au deuxième corps de cavalerie. Arrivé à son poste à la frontière, Exelmans réunit à son commandement, pendant quelques jours, les divisions Piré, Maurin, Domon et Teste (infanterie du 6e corps); mais, au moment de l'entrée en campagne, ce commandement se réduisit aux deux divisions Strolz et Chastel, présentant ensemble un effectif de plus de 3,000 chevaux.

Le plan de concentration de l'armée française au début de cette campagne doit être regardé comme une des plus belles conceptions de Napoléon. Grâce aux précautions prises, il fut exécuté à merveille et, le 14 juin au soir, 120,000 hommes masqués par la forêt de Mormal étaient réunis sur la rive droite de la Sambre, prêts à franchir cette rivière, pour séparer en deux l'armée coalisée de Blücher et de Wellington. Les alliés ne s'attendaient à rien moins qu'à être attaqués ce jour-là. Les cinq corps d'armée de Blücher occupaient Charleroi, Namur, Dinant, Liège et la route de Luxembourg. L'armée de Wellington était cantonnée depuis Oudenarde sur l'Escaut jusqu'à Nivelle. L'ordre de marche donné à l'armée française pour le 15 au matin avait pour objet de la porter en forces sur la chaussée de Charleroi à Bruxelles. Malheureusement, moitié par la faute de Soult, major général, moitié par celle de Vandamme, commandant le troisième corps, cet ordre fut défectueusement transmis et imparfaitement exécuté. La cavalerie légère de Pajol, qui formait la tête de la colonne du centre, ne put déboucher sur Charleroi, faute d'être appuyée par l'infanterie de Vandamme restée en arrière. Grouchy, qui marchait entre la colonne du centre et la colonne de droite, avec les dragons d'Exelmans, fut arrêté par une assez vive résistance devant les bois de Soleillemont et de Lambusart; l'infanterie de Vandamme, arrivant enfin, délogea l'ennemi de ces bois, et les dragons d'Exelmans (brigades Barthez et Bonnemains), après l'avoir chargé vigoureusement, le poursuivirent à outrance; mais Vandamme, dont les troupes, qui avaient marché très vite, étaient harassées de fatigue, refusa d'aller plus loin. En conséquence, Grouchy, qui venait de recevoir verbalement le commandement de l'aile droite de l'armée, en même temps que l'ordre de se porter sur Sombreffe, fut obligé de s'arrêter pour passer la nuit entre les bois de Lambusart et le village de Heppaignies; d'autre part, le maréchal Ney, investi du commandement de l'aile gauche, s'était arrêté en avant de Gosselies, sans pousser jusqu'aux Quatre-Bras, point important à occuper pour séparer définitivement l'armée prussienne de l'armée anglaise. Des flots d'encre ont été répandus pour discuter la question de savoir si le maréchal Ney avait ou n'avait pas reçu l'ordre d'occuper le 15 juin cette fatale position des Quatre-Bras; je me garderai bien d'entrer dans cette polémique irritante, étrangère d'ailleurs à la biographie d'Exelmans, et je me borne à constater les faits. Ce qui est constant, c'est que, soit par suite des difficultés rencontrées, soit en raison des ordres mal donnés ou mal exécutés, la journée du 15 juin ne fut pour Napoléon qu'un demi-succès. Blücher, surpris d'abord par une brusque invasion, se tira d'affaire à force d'activité et parvint à concentrer son armée. De son côté, Wellington, qui était tranquillement au bal à Bruxelles, eut le temps d'arriver pour le 16 aux Quatre-Bras, solidement occupés déjà par une partie de ses forces.

Napoléon employa la matinée du 16 à organiser son armée. Le maréchal Ney, chargé d'opérer contre les Anglais, reçut le commandement de l'aile gauche formée des corps de Drouet d'Erlon et de Reille, de la cavalerie de Kellermann et de la cavalerie légère de la garde (lanciers et chasseurs sous les ordres de Lefebvre-Desnoëttes). L'aile droite, commandée par Grouchy, fut composée des corps de Vandamme et de Gérard avec les corps de cavalerie de Pajol, d'Exelmans et de Milhaud. La réserve, gardée sous la main directe de l'Empereur, comprit les divisions d'infanterie de la garde Friant, Morand et Duhesme avec le corps de Lobau et la grosse cavalerie de la garde (grenadiers et dragons commandés par Guyot).

Par suite d'un défaut d'activité, inaccoutumé dans l'armée française et qui caractérise cette courte campagne, le mouvement commença tard dans la matinée du 16, le maréchal Grouchy avec les dragons d'Exelmans débusqua de Fleurus l'arrière-garde de Ziethen et arriva vers onze heures du matin devant les hauteurs comprises entre Ligny et Saint-Amand, où l'armée prussienne était rangée en bataille dans une forte position. Pendant que ses troupes se formaient en face de l'ennemi, le maréchal Grouchy monta sur les degrés d'un moulin pour étudier les dispositions de l'ennemi ; il était là depuis quelque temps déjà, lorsqu'il fit inviter le général Exelmans à se rendre auprès de lui. Exelmans trouva Grouchy en train de causer avec le major général, maréchal Soult, qui, assez embarrassé de sa contenance à la vue d'un homme qu'il avait si brutalement maltraité pendant qu'il était ministre et qui se trouvait maintenant en grande faveur, baissa les yeux et les fixa obstinément sur la carte, comme absorbé dans sa contemplation. Cependant, comme Exelmans, appelé par le maréchal Grouchy, ne pouvait s'éloigner, Soult comprit qu'il fallait mettre un terme à cette situation embarrassante et, prenant bravement son parti, il leva la tête du côté du général, lui tendit la main et lui dit : « Bonjour, comment ça va-t-il ? » Après un instant d'hésitation bien naturelle, Exelmans dont le caractère était foncièrement indulgent et qui comprenait d'ailleurs les devoirs d'un soldat en face de l'ennemi, serra la main que lui tendait le maréchal. N'importe ! la rencontre de ces deux hommes, dont l'un était resté fidèle et dévoué au parti de Napoléon et dont l'autre avait donné tant de gages à ses ennemis, dénotait suffisamment la cause principale d'affaiblissement de cette belle armée, si pleine d'ardeur et si bien disposée à se montrer héroïque. Ce fut bien autre chose lorsque, quelques minutes après cet incident, l'Empereur qui venait d'arriver gravit à son tour les marches du moulin et aperçut, auprès du maréchal Grouchy, le général Gérard qui venait d'y être appelé. Ce général avait eu sous ses ordres, pendant la campagne de 1814, l'ancien chef de chouans Bourmont et avait pu apprécier, dans plusieurs circonstances, ses brillantes qualités. Il supplia l'Empereur de lui donner un commandement dans l'armée de Belgique au mois de juin 1815 et l'Empereur, qui avait conçu pour Gérard une estime toute particulière, finit par lui céder. Or le 15 juin au matin, Bourmont était passé à l'ennemi avec son chef d'état-major et son aide de camp, et s'était rendu auprès de Blücher qui, tout ennemi qu'il fût de Napoléon, l'avait reçu avec toute l'indignation d'un patriote. « Ah! vous voilà, badaud, s'écria l'Empereur en riant dès qu'il aperçut Gérard, eh bien, votre tête m'appartient; vous ne savez donc pas qu'entre les bleus et les blancs, c'est à la mort. »

Sans s'arrêter plus longtemps aux tristes réflexions suggérées par cette défection et aux conséquences qu'elle devait entraîner pour le moral de l'armée, Napoléon prit immédiatement ses dispositions pour la bataille qui allait être livrée. L'armée prussienne, comme je l'ai déjà dit ailleurs[1], avait son front couvert par le ruisseau de Ligny; sa droite occupait Saint-Amand, son centre Ligny; sa gauche s'étendait jusqu'aux environs de Sombreffe et de Tongrines. La gauche de l'armée française fut formée par le corps de Vandamme, le centre par celui de Gérard; la garde fut placée en réserve; Grouchy, avec sa cavalerie réduite au corps d'Exelmans et à un régiment du corps de Pajol, fut chargé de contenir sur le plateau de Sombreffe l'aile droite des Prussiens. Il avait ordre de se maintenir jusqu'à la dernière extrémité dans cette position, tandis que Gérard attaquerait Ligny et que le maréchal Ney, donnant avec vigueur sur la droite des Prussiens, aiderait Vandamme à la culbuter. Les dragons d'Exelmans devaient ainsi former le pivot de la ligne de bataille. Mais les événements forcèrent Napoléon à

---

1. Notice sur le général Pajol.

modifier son plan, et la bataille, bien qu'elle fût couronnée par la victoire, n'eut pas l'issue décisive qu'il en attendait. Loin de pouvoir donner contre l'aile droite des Prussiens, le maréchal Ney, aux prises avec les Anglais sur la position des Quatre-Bras, subit un grave échec ; par suite d'ordres mal donnés ou mal compris, le corps de Drouet d'Erlon qui aurait pu soit conjurer cet échec, soit assurer le succès de Vandamme, resta inutilisé et flottant entre les deux champs de bataille. Vandamme s'empara de Saint-Amand après une lutte opiniâtre, dans laquelle fut tué un des plus vaillants généraux de l'armée, le brave Girard, chef d'une division du 2ᵉ corps détachée depuis le combat de la veille auprès du 3ᵉ. En même temps Gérard, commandant le 4ᵉ corps, soutenait à Ligny même plusieurs combats d'un acharnement inouï, et la garde impériale, suivie par les cuirassiers de Milhaud, décidait sur ce point la victoire en perçant le centre de l'armée prussienne.

Le général Jomini, caractérisant le rôle d'Exelmans dans cette bataille où 60,000 Français avaient vaincu 100,000 Prussiens, s'exprime ainsi qu'il suit dans son *Précis politique et militaire de la campagne de 1815.* « A l'extrême droite, Exelmans manœuvrait habilement pour empêcher la gauche des Prussiens de déboucher de Tongrines, tandis que Pajol observait Boignée et que les cuirassiers de Milhaud soutenaient la droite de Gérard. » Plus loin, le même écrivain fait observer que la présence de la cavalerie de Grouchy à la droite de l'Empereur, vers Boignée, avait paralysé les 25,000 hommes du corps de Thielmann laissés vers Tongrines, sans doute dans la crainte que cette cavalerie s'emparât de la route de Namur, ce qui eût coupé le corps de Bulow de l'armée prussienne et celle-ci de sa base naturelle d'opération. Voici en effet ce qui s'était passé : les deux divisions d'Exelmans eurent à supporter pendant toute la journée, sur un plateau entièrement découvert, le feu d'une batterie de 35 pièces de canon. Exelmans n'avait, pour y répondre, que les 12 pièces d'artillerie légère de son corps de cavalerie, heureusement commandées par un excellent officier, le colonel Husson, qui fit merveille. Vers cinq heures, un corps de 8 ou 10 bataillons prussiens s'avança jusqu'à une portée de canon de la droite des dragons, pour tenter le passage du ravin et de la rivière. Exelmans dirigea aussitôt sur ces bataillons la division

Strolz avec une de ses deux batteries, mais, au moment où il se préparait à charger et où ses dragons montraient un ardent enthousiasme, gage assuré du succès, l'ennemi, dont deux bataillons avaient déjà franchi le ravin, se retira dans la direction de Sombreffe afin de passer le ravin à Tongrines; il y fut arrêté par le général Hulot du corps de Gérard qui passa lui-même la rivière à la tête de sa brigade.

Le soleil venait de se coucher, lorsque Exelmans aperçut une assez forte colonne de cavalerie qui se formait en face de lui sur une hauteur au sud de Saint-Fiacre. Il prit aussitôt ses dispositions pour recevoir cette colonne. Lorsqu'elle se présenta, elle fut reçue par la mitraille de trois pièces placées sur la route. Au même moment le reste de l'artillerie du corps de cavalerie allait se placer à 200 mètres en arrière, protégé par le 5e régiment de dragons qui était habilement abrité par un pli de terrain. Tout à coup, an commandement du général Exelmans, ce régiment se déploya au trot, prit le galop et, soutenu par le 13e, se précipita sur la colonne prussienne qu'il culbuta. Cinq pièces prussiennes prises par les dragons furent aussitôt chargées et dirigées contre la colonne ennemie, dont elles achevèrent la déroute. Il se faisait tard, et d'ailleurs le général Exelmans avait reçu l'ordre formel de se maintenir sur ce point sans pousser plus avant. Le chef d'escadron Letellier, emporté par son ardeur, continua la poursuite et se trouva tout à coup en présence de tout le corps d'armée de Thielmann; il ne put se retirer qu'en laissant sur le terrain un certain nombre d'hommes. La bataille était terminée, l'armée prussienne était battue, mais, sous l'habile direction du chef d'état-major Gneisenau qui remplaçait Blücher, grièvement contusionné par la charge des cuirassiers de Milhaud, cette armée se reforma promptement et se rallia non pas dans la direction de Namur, mais dans celle de Gembloux, afin de se réunir à l'armée anglaise. Informé seulement vers onze heures du matin, le 17 juin, de l'échec éprouvé par le maréchal Ney aux Quatre-Bras, Napoléon partit avec sa réserve pour rejoindre le maréchal, laissant à Grouchy le soin de poursuivre les Prussiens. Dans la polémique qui s'est élevée au sujet de la conduite de ce dernier pendant les journées des 17 et 18 juin, le général Exelmans figure avec Gérard au premier rang des accusateurs les plus passionnés de Grouchy. Je m'en rapporte ici à peu près textuellement à la notice biographique annotée par Exelmans lui-même et dont j'ai donné déjà plusieurs extraits. Je ne saurais d'ailleurs m'ériger en arbitre dans une question qui a partagé les juges les plus compétents. La vérité est d'autant plus difficile à établir dans cette circonstance, que les instructions données par l'Empereur à Grouchy furent, en grande partie du moins, des instructions verbales ; toutefois on peut affirmer que le rôle assigné à Grouchy était double et qu'il devait non seulement suivre les Prussiens, mais encore et surtout couvrir le flanc droit de Napoléon en se tenant prêt à le rejoindre au premier appel. Une circonstance fâcheuse contribua, dans la matinée du 17, à égarer Grouchy : le général Pajol lancé, avec les divisions Soult et Valin, sur la route de Namur, s'empara d'un parc d'artillerie et aucune reconnaissance ne fut faite pour s'assurer de la véritable ligne de retraite de l'ennemi. Le général Exelmans, dirigé vers Gembloux, y trouva les deux corps de Thielmann et de Bulow. Ces deux corps étaient trop nombreux et occupaient une position trop forte pour qu'il lui fût possible de les entamer avec sa cavalerie, il se borna à envoyer un de ses aides de camp au maréchal Grouchy pour l'informer de la situation.

Le soir, les deux corps prussiens continuèrent leur retraite, l'un sur Wavre et Louvain, l'autre sur Maëstricht ; la nuit était venue et le temps était affreux. Exelmans lança cependant une brigade à la poursuite du corps de Thielmann vers Sart-à-Wallain et marcha lui-même vers Peruwelz contre Bulow avec la brigade Bonnemains et une demi-batterie d'artillerie. Le colonel Chaillot, avec le 5e dragons, avait reconnu la route de Liège et avait constaté qu'il ne s'était retiré par là que 1,500 fuyards environ ; il fit prévenir en conséquence le général Exelmans qu'il rejoindrait, le lendemain matin 18, le 2e corps de cavalerie à Gembloux. Grouchy était arrivé lui-même dans cette localité. Exelmans lui rendit compte de tout et lui annonça qu'il se mettrait le lendemain matin à la poursuite de l'ennemi. Grouchy n'avait parcouru que deux lieues dans la journée du 17 et ne donna qu'à sept heures du matin, le 18, les ordres du mouvement. Cette lenteur a été attribuée au mauvais état des chemins ; un violent orage était survenu pendant la journée, la pluie tombait à torrent et l'artillerie n'avançait qu'avec une peine incroyable dans les routes de traverse. D'après Exelmans, au contraire, l'artillerie marchait avec facilité et la lenteur du mouvement doit être attribuée à ce fait que toute la cavalerie légère avait été malencontreusement jetée sur la route de Namur. Grouchy paraît n'avoir compris qu'imparfaitement les instructions de l'Empereur et ne pas s'être rendu compte, malgré les avertissements d'Exelmans, de la nécessité impérieuse où il se trouvait de rester en communication directe avec l'Empereur; il ne semble pas avoir envisagé la possibilité d'une jonction entre l'armée de Blücher et celle de Wellington, jonction qui devait être si funeste à l'armée française. Il résolut de se diriger, le 18 au matin, sur Wavre avec le corps de Vandamme suivi des dragons d'Exelmans et du corps de Gérard.

Conformément aux ordres du maréchal, Exelmans se mit en route vers sept heures et demie du matin et atteignit, vers neuf heures, l'arrière-garde de Thielmann sur la route de Wavre, à hauteur de Moustier. Au même moment, un convoi escorté par 2,000 ou 3,000 hommes près du cabaret *A tout vent* semblait se diriger sur Louvain. Exelmans ne s'inquiéta pas de ce mouvement, mais, convaincu à l'encontre de Grouchy que Blücher marchait avec l'intention de se réunir à Wellington, il porta toute son attention sur la Dyle et forma ses deux divisions la gauche appuyée au ravin boisé près de la ferme de la Paquerie et la droite sur le Neufort, et pendant que ses éclaireurs tiraillaient avec ceux de l'ennemi, il envoya successivement au maréchal Grouchy deux aides de camp et le chef d'escadron d'Estourmel pour l'informer de ce qui se passait et lui dire que l'armée prussienne avait traversé Wavre pendant une partie de la nuit et de la matinée pour se rapprocher de l'armée anglaise. Un des aides de camp conduisit même au maréchal une personne qui habitait les environs, M. le chevalier de Rossy, lequel avait vu Blücher à Wavre le 17, à sept heures du soir, et était reparti de cette ville le 18, à sept heures cinquante du matin, assurant que les colonnes de Blücher se rapprochaient de l'armée anglaise. M. de Rossy et l'aide de camp d'Exelmans trouvèrent le maréchal entre dix et onze heures à Sart-à-Wallain; le commandant d'Estourmel vint en même temps lui demander, de la part du général Exelmans, l'autorisation de traverser la Dyle pour marcher à l'ennemi. Ce mouvement était si bien indiqué que, vers onze heures, les généraux prussiens, marchant de Wavre vers Planchenoit, s'arrêtaient à la Chapelle-Saint-Lambert et prenaient leurs dispositions pour résister à une attaque ; ils ne se remirent en marche qu'après avoir reçu de Thielmann l'assurance que toute notre aile droite se dirigeait sur Wavre. Quoi qu'il en soit, le maréchal Grouchy fit répondre à Exelmans qu'il allait se rendre auprès de lui et lui donner verbalement ses ordres.

Le bruit d'une canonnade sourde et lointaine, mais vive et soutenue, s'entendait alors très bien de Sart-à-Wallain. Gérard qui venait de rejoindre le maréchal lui proposa de marcher sur-le-champ au canon ; une discussion s'engagea, Grouchy s'offensa des paroles de Gérard et, se rendant avec empressement aux observations du général Baltus qui prétendait que la route était impraticable pour l'artillerie, tandis que le général Valazé, commandant le génie, soutenait avec force l'opinion contraire, il se refusa obstinément à exécuter le mouvement demandé. Il se rendit alors auprès d'Exelmans et ordonna au général Vincent, dont la brigade se trouvait entre la Dyle et la route de Wavre, de se porter à l'est de cette route pour y rejoindre le 2ᵉ corps de cavalerie. Étonné de ce mouvement qui était la condamnation formelle de ses désirs et de ses espérances, Exelmans s'empressa d'en témoigner sa surprise au maréchal. Celui-ci, ne tenant pas plus compte de ses observations que de celles de Gérard, lui donna l'ordre formel de pousser plus loin à droite pour soutenir l'attaque de l'infanterie sur Wavre. Ici se place une anecdote dont le récit, évidemment exagéré, présente des inexactitudes faciles à constater, mais qui repose certainement sur des faits réels travestis par la tradition et qui prouve combien était vive l'irritation des généraux groupés sous les ordres de Grouchy et combien ils blâmaient cette inaction. « Le retentissement effrayant de la canonnade faisait trembler la terre sous leurs pieds, dit le général Berton dans son *Précis des batailles de Fleurus et de Waterloo*. Les généraux Gérard, Exelmans et plusieurs colonels, parmi lesquels figurait Briqueville, commandant du 15ᵉ dragons, déploraient ensemble la fatale inaction de Grouchy. Tout à coup Exelmans, tête vive et ardente, s'approcha de Gérard : « Écoute »,

lui dit-il, « tu es le plus ancien général, c'est à toi que revien-
« drait le commandement si Grouchy disparaissait ; t'engages-tu à
« prendre la direction du corps d'armée et à rejoindre l'Empereur?
« Je vais trouver Grouchy et lui brûler la cervelle. — Y penses-tu,
« répond Gérard, esprit plus froid que le général Exelmans, à quoi
« veux-tu t'exposer? — Je le sais bien, je passerai au conseil de
« guerre demain, on me fusillera, mais peu m'importe. Veux-tu,
« oui ou non, t'engager à marcher ? » Le général Gérard ne pouvait,
on le comprend, souscrire à une pareille combinaison ; il repré-
senta au général Exelmans que le maréchal Grouchy avait probablement des ordres d'après lesquels il se conduisait, que, bien que
cette inaction fût inexplicable, cruelle même, il fallait attendre,
faire son devoir jusqu'à la fin, dût-on ensuite se brûler la cervelle
pour ne pas survivre au désastre. Là-dessus, le général Exelmans
s'éloigna, furieux, en disant : « Allons ! vous êtes tous des lâches
« ou des traîtres ! » Ce fait fut raconté par le colonel de Briqueville à M. le docteur Lespiez[1].

Grouchy, ne tenant aucun compte des observations d'Exelmans,
lui prescrivit de soutenir l'attaque de Vandamme sur Wavre,
mais, placé derrière les profondes colonnes du corps de Vandamme,
Exelmans fut réduit à l'inaction. Vandamme fut repoussé, Gérard,
marchant à gauche sur le moulin de Bierges, fut grièvement blessé;
le colonel Zénowitz de l'état-major général arriva vers cinq heures
du soir apportant à Grouchy l'ordre de l'Empereur d'occuper en
toute hâte le défilé de Saint-Lambert. Pajol fut aussitôt porté sur
Limal avec les divisions Valin et Soult, appuyées par une partie
de l'infanterie de Gérard; il ne parvint à franchir la Dyle qu'à la
nuit tombante, en même temps que Grouchy, avec le reste de ses
forces, débouchait, après un combat très vif, au delà de Wavre et
du moulin de Bierges. Exelmans le rejoignit le lendemain matin :
il était fort inquiet de ne voir arriver aucune nouvelle de l'Empereur. « Je crains bien, disait-il à Grouchy, qu'il ne soit arrivé
malheur à Sa Majesté car, sans cela, il nous aurait donné des ordres
selon son habitude. » Grouchy lui répondit qu'il n'y avait aucune
inquiétude à concevoir, attendu que toute l'armée prussienne était

---

1. *Lettres d'un bénédictin*, par le baron de Grorestiers (Paris, Élie Gouget, rue
Cassette, 12), IIe partie, 8e lettre, pages 14 et 15.

devant lui dans la direction de Wavre à Bruxelles. A ce moment, c'est-à-dire vers onze heures du matin, arriva l'aide de camp du général Gressan, sous-chef de l'état-major, envoyé par l'Empereur. « L'Empereur, dit cet officier, ne sachant pas où vous êtes, ne peut pas vous donner d'ordre, mais il vous fait dire que l'armée est battue et en pleine retraite et que vous ayez à vous retirer comme vous le pourrez. » Il donne ensuite les détails les plus circonstanciés sur la désastreuse journée du 18 juin. Grouchy demanda alors au général Exelmans ce qu'il pensait de la situation. Exelmans l'engagea à arrêter l'attaque qui se continuait sur la route de Wavre à Bruxelles et à regagner la Meuse au plus tôt, car si Wellington faisait ce qu'il devait, il jetterait immédiatement des troupes dans Namur pour lui couper la retraite. Exelmans reçut en conséquence l'ordre de se diriger sur Namur, tandis que Pajol tiendrait en échec le corps de Thielmann en feignant de continuer la poursuite. Exelmans, voyant sur l'autre rive de la Meuse les escadrons ennemis qui s'efforçaient de le prévenir, fit partir au grand trot la brigade Bonnemains avec ordre d'entrer dans Namur et de s'y maintenir fermement contre toutes les attaques. Bonnemains occupa Namur à six heures du soir et fut rejoint par Exelmans à neuf heures avec le reste des deux divisions de dragons.

Le lendemain 20 juin, l'ennemi se présenta devant la ville, qui fut défendue par la division Teste avec une admirable valeur. Le colonel Briqueville fut détaché auprès de l'infanterie avec son régiment, le 15° dragons, et se conduisit de la façon la plus brillante. Il reprit à l'ennemi plusieurs de nos pièces dont il s'était emparé. La défense continua le 21, l'ennemi perdit plusieurs milliers d'hommes et quelques pièces d'artillerie sans avoir pu s'emparer d'un seul blessé ou d'une seule voiture de bagages. Grouchy évacua Namur le 22 et vint occuper successivement Dinant, Givet, Reims et Soissons. C'est dans cette dernière place qu'il reçut le 28 juin l'ordre du gouvernement provisoire de prendre le commandement en chef de toute l'armée du Nord et de se rapprocher de Paris. Le même jour il installa son quartier général à Villers-Cotterets ; les débris de l'armée furent réunis sous Paris, le maréchal Davout, ministre de la guerre, en prit le commandement au nom du gouvernement provisoire qui avait pris le pouvoir après l'abdication de l'Empereur. Les alliés semblèrent oublier toutes les règles de la prudence pour offrir à l'armée française l'occasion de leur infliger une sanglante défaite. Les Prussiens, qui n'avaient presque pas souffert à Waterloo et devançaient les Anglais, franchirent la Seine au Pecq et occupèrent Saint-Germain, se disposant à tourner Paris sur la rive gauche de la Seine, tandis que Wellington menacerait la capitale en avant de Saint-Denis et devant le faubourg de la Villette. Les chefs de l'armée française résolurent de profiter de cette marche de flanc exécutée par les Prussiens pour leur infliger une sanglante leçon. Plusieurs colonnes durent sortir de Paris à cet effet par Montrouge, Sèvres et Neuilly. Exelmans, à qui fut confié le commandement de l'extrême gauche, s'acquitta seul de la mission qui lui fut dévolue. Le lieutenant-colonel prussien de Sohr avait été détaché dans la nuit du 30 juin avec sa brigade, composée des hussards de Brandebourg et de Poméranie, d'un effectif total de 1,500 chevaux, afin d'éclairer le pays et de se jeter sur la route d'Orléans. Cette brigade occupa Versailles dans la nuit du 30 juin au 1ᵉʳ juillet. Informé de ce mouvement, Exelmans dirigea le général de Piré avec les 1ᵉʳ et 6ᵉ chasseurs et le 44ᵉ régiment d'infanterie sur Rocquencourt en lui recommandant d'embusquer ses troupes de manière à pouvoir tomber sur l'ennemi quand celui-ci viendrait à battre en retraite sur la route de Versailles à Saint-Germain. De sa personne le général Exelmans partit de Montrouge de grand matin à la tête des 5ᵉ, 15ᵉ et 20ᵉ dragons et du 6ᵉ hussards. Il se dirigea sur Versailles avec l'intention d'y entrer par trois points. Le colonel de Sohr, averti qu'il allait être remplacé à Versailles par l'infanterie de Thielmann, se dirigea au grand trot sur la route de Montrouge sans prendre la peine de se faire éclairer. Il était arrivé à la hauteur du bois de Verrières lorsque les 5ᵉ et 15ᵉ dragons, qui formaient la tête de colonne d'Exelmans, se précipitèrent avec un superbe élan sur les hussards ennemis. En même temps le 6ᵉ hussards et le 20ᵉ dragons les prirent en flanc[1].

Les Prussiens, culbutés, furent rejetés sur Versailles dont ils

---

1. Ces quatre régiments ne comptaient guère ensemble plus de 1,000 chevaux, tandis que les deux régiments de hussards en avaient plus de 1,500.

traversèrent les rues au triple galop, laissant la route couverte de leurs morts et de leurs blessés. Poursuivi par le 6ᵉ hussards et le 5ᵉ dragons à travers la ville, n'ayant aucune nouvelle des troupes qui devaient venir le soutenir, le colonel de Sohr se décida à se retirer sur Saint-Germain, mais, arrivé à hauteur de Rocquencourt, il fut accueilli par la vive fusillade du 44ᵉ régiment, tandis que les 1ᵉʳ et 6ᵉ chasseurs tombaient sur ses hussards en pleine carrière. Ces deux régiments, les plus beaux de toute l'armée prussienne et composés presque exclusivement de volontaires, furent complètement anéantis ; à peine quelques hommes parvinrent-ils à s'échapper. Cette affaire passa à peu près inaperçue en France, au milieu d'événements d'une gravité exceptionnelle. Elle a laissé plus de souvenirs dans l'armée prussienne où, pendant la guerre de 1870, plusieurs généraux en ont parlé avec admiration à l'amiral Exelmans, fils du maréchal.

Les autres colonnes reçurent contre-ordre, et bientôt la capitulation de Paris, que je n'ai pas à juger ici, vint expliquer l'inaction imposée à l'armée par le maréchal Davout. Ici se place un fait assez extraordinaire, raconté ainsi qu'il suit dans le *Moniteur universel* par le colonel Michel, ancien aide de camp du général Friant :

« C'était le 3 juillet 1815, après la brillante expédition de Versailles ; le général Exelmans avait rejoint l'armée dans la plaine de Montrouge. Ce même jour, j'avais été chargé par le maréchal prince d'Eckmühl, dont j'étais aide de camp, de transmettre ses ordres aux généraux commandant les divers corps de notre armée ; à peine étais-je arrivé près du général Exelmans qu'un influent personnage dont je tairai le nom, descendant d'une brillante calèche, se présenta à lui et lui adressa la parole en ces termes : « Mon gé- « néral, je suis chargé par Monseigneur le duc d'Otrante de vous « présenter ses félicitations sur vos récents exploits et de vous re- « mettre, en vous priant de les accepter, les 40,000 fr. que « voici. — Qu'est-ce que cela signifie, Monsieur? demanda Exel- « mans. — Mon général, répondit l'interlocuteur, dans les con- « ventions passées entre le gouvernement provisoire et lesc hefs « des alliés, lesquelles doivent être signées ce soir, il est un ar- « ticle stipulant que l'armée française doit se retirer outre-Loire, « et Monseigneur a pensé que, dans les circonstances qui peuvent

« naître de ce mouvement, vous pourriez avoir besoin d'argent. »
A cette explication, le général répliqua : « De deux choses l'une,
« ou ces 40,000 fr. appartiennent à l'État, ou ils proviennent
« de la bourse de M. le duc d'Otrante. Dans le premier cas, il faut
« qu'ils rentrent dans les caisses du Gouvernement, et dans le se-
« cond cas, veuillez dire à celui qui vous envoie que je n'ai rien à
« accepter de personne ; assurez-le bien surtout que je ne suis pas
« de ces hommes qui vendent leur pays. » A cette époque, Exelmans ne possédait pas 25 napoléons d'or.

Dans les jours qui précédèrent cette capitulation, Exelmans se
montra un des plus ardents parmi les généraux qui protestèrent
contre les négociations engagées avec l'ennemi. On raconte même
qu'il réunit une colonne pour marcher sur la Malmaison, délivrer
l'Empereur et le mettre à la tête de l'armée. Mais il était trop tard,
le souverain déchu courait déjà sur la route de l'exil. Exelmans
suivit ensuite l'armée sur la rive gauche de la Loire et se rendit de
sa personne à Clermont-Ferrand. Le 2ᵉ corps de cavalerie qu'il
commandait encore fut cantonné dans les départements de l'Allier
et du Puy-de-Dôme. C'est de Riom qu'à l'imitation des autres généraux il envoya son adhésion au rétablissement des Bourbons.
Cette adhésion était ainsi conçue : « Le 2ᵉ corps de cavalerie de
réserve adhère au rétablissement des Bourbons, puisqu'ainsi l'exige
l'intérêt de la France. » Il se trouvait à Clermont-Ferrand lorsque
parut l'ordonnance trop célèbre du 24 juillet 1815.

Aux termes de l'article 1ᵉʳ de cette ordonnance, un certain
nombre d'officiers généraux et de personnages politiques étaient
proscrits.

Aux termes de l'article 2, 38 personnes, parmi lesquelles Exelmans figurait avec Soult, Bassano, Marbot, Vandamme, Lamar-
que, Lobau, etc., durent sortir de Paris dans les trois jours et
se retirer dans l'intérieur de la France, dans les villes désignées
par le Ministre de la police générale (Fouché), afin d'y rester sous
sa surveillance, en attendant que les Chambres statuassent sur leur
sort. Exelmans ne jugea pas prudent de se fier à cette décision
des Chambres, et il s'empressa de passer la frontière pour aller se
fixer à Bruxelles où il fut rejoint par la comtesse Exelmans. La loi
du 12 janvier 1816 statua définitivement sur son sort.

Aux termes de l'article 3 de cette loi, il lui fut expressément défendu de rentrer en France sans l'autorisation expresse du roi, sous peine de déportation. L'arrêt porté contre lui par la loi française fut encore aggravé par la rigueur des gouvernements européens, qui s'entendirent entre eux pour interdire aux réfugiés français le séjour de la Belgique. Le général Exelmans reçut l'ordre de quitter immédiatement Bruxelles et se rendit à Bréda le 15 juillet 1816. Il y fut arrêté, aussitôt après son arrivée, par un officier de la police qui s'apprêtait à le conduire en prison lorsque ses réclamations énergiques furent écoutées par le commandant de la place, le général Meyer, son ancien compagnon d'armes. Il lui fut alors permis de rester à l'hôtel sous la surveillance d'un factionnaire placé devant sa porte. Quelques jours après il fut mis en liberté, passa en Allemagne et s'arrêta dans le duché de Nassau, où la population l'accueillit avec respect et sympathie.

Cependant, les personnages bannis en vertu de l'article 3 de la loi du 12 janvier 1816 étaient admis, les uns après les autres, à revenir en France. Le général Exelmans fut compris sur une liste d'amnistie signée le 1er janvier 1819 et rentra dans son pays le 24 du même mois. Il fut rappelé à l'activité le 7 septembre de la même année et classé parmi les généraux disponibles. Il fut ensuite compris sur la liste des généraux mis à la retraite, sur la proposition du ministre Clermont-Tonnerre, par l'ordonnance du 1er décembre 1824 comme n'ayant pas servi depuis la rentrée des Bourbons. Il réclama très vivement contre cette mesure, s'appuyant sur ce qu'il ne remplissait aucune des conditions voulues pour être admis à une pension de retraite. Il n'avait pas 50 ans, étant né en 1775, et entré au service le 6 septembre 1791, il n'avait pas davantage 30 années de service, puisqu'il avait eu une interruption forcée, depuis le mois de décembre 1815 jusqu'au 1er septembre 1819. La réclamation du général Exelmans fut soumise au conseil supérieur de la guerre qui émit, le 12 janvier 1826, l'avis que ce général ne pouvait être retraité, n'ayant que 29 ans et 11 jours de service. Il fut donc maintenu dans le cadre de l'état-major général et fut même nommé, en 1828, inspecteur général de cavalerie dans les 9e, 10e, 12e et 21e divisions militaires.

Ses sentiments d'amour pour le drapeau tricolore se réveillèrent

au lendemain de la révolution de juillet, et il prit part, sous les
ordres du général Pajol, à l'expédition dirigée contre Rambouillet ;
mais, de même que le 20 mars 1815 il s'était mis à la tête des
officiers en demi-solde dans le but de régulariser leur mouvement,
il ne prit part à l'expédition de Rambouillet, dans laquelle il com-
manda les gardes nationales de province, que pour y maintenir le
bon ordre. Après cette expédition, dans laquelle il rendit de réels
services, il fut envoyé en inspection générale extraordinaire pour
apprécier la conduite des officiers et nommé pair de France le
19 novembre 1831. Il avait reçu le 21 août le grand cordon de la
Légion d'honneur. Mais la rancune du maréchal Soult lui ferma
tout accès aux commandements actifs.

Il laissa échapper à la Chambre des pairs peu d'occasions de
manifester ses opinions libérales et ses sentiments de gratitude
envers la mémoire de l'empereur Napoléon. Dans la séance du
27 février 1834, il s'éleva avec force contre les conclusions d'une
commission au sujet d'une pétition demandant l'abrogation de la
loi du 10 avril 1832 qui interdisait le séjour de la France à la
famille Bonaparte. « Je remarque dans cette enceinte, dit-il, bien
des personnages qui ont, soit dans la guerre, soit dans l'administration, puissamment contribué à la gloire et à la prospérité de l'Empire. Il en est plusieurs, si je ne me trompe, qui ont eu plus ou
moins à se louer de la munificence de l'Empereur. » Il terminait
ainsi : « Par respect pour la mémoire du grand homme, je vote pour
le rappel de son illustre famille. » Il se signala, le 16 décembre
de cette même année, par une sortie qui est restée célèbre. Armand
Carrel défendait, devant la cour des pairs, M. Rouen, gérant du *Na-
tional*; il se permit des critiques assez vives sur les membres de la
cour qui avaient autrefois condamné le maréchal Ney ; le président
Pasquier l'interrompit et le menaça de lui retirer la parole, sur
quoi Exelmans, se levant de sa place, s'écria d'une voix retentis-
sante : « Oui, la condamnation du maréchal Ney a été un assassi-
nat juridique, je le dis, moi ! »

Lorsque le prince Louis Bonaparte (Napoléon III) conçut le
projet qui aboutit à l'échauffourée de Strasbourg, il écrivit au général Exelmans pour lui demander de l'aider de ses conseils,
sans toutefois rien lui dévoiler des projets en question. « Le neveu

de l'Empereur, lui disait-il, s'adresse avec confiance à un vieux militaire et à un vieil ami. » Cette lettre fut remise par M. de Bruc au général, qui refusa formellement d'aller voir le prince et lui fit dire par M. de Bruc qu'il ferait bien de ne compromettre ni lui, ni sa famille. Il fut cité comme témoin au procès de l'insurrection de Strasbourg et, à une question qui lui était posée, il répondit nettement qu'il ne lui avait été fait aucune proposition d'entrer dans un complot; il ajouta : « Elle eût été inutile ; je connais mes devoirs et mes serments : si M. de Bruc m'en eût fait une, je l'aurais fait arrêter ou je l'eusse traité comme un fou. »

Cela ne l'empêcha pas de continuer à afficher, en toute circonstance, les sentiments qu'il avait voués à la mémoire de l'empereur Napoléon Ier. Le comte Portalis, ayant dans la discussion du projet de loi sur l'instruction secondaire, apprécié le décret de 1808 avec sévérité et de manière à faire supposer que l'empereur Napoléon n'avait eu en vue, dans toute sa politique, que la consolidation de sa dynastie, le général Exelmans monta à la tribune : « Je viens protester, dit-il, contre l'assertion du noble préopinant, parce qu'elle est complètement inexacte et même blessante pour ceux qui, ainsi que moi, ont servi l'empire, et je dirai que l'Empereur, dans sa politique, a toujours eu en vue le bonheur et la grandeur de la France et de la patrie. S'il en eût été autrement, nous n'eussions certes pas mis le même zèle à le servir, car nous n'étions pas seulement des satellites pour obéir à toutes les volontés d'un maître. Nous avons servi la patrie avant et après Napoléon, et nous le ferions encore s'il en était besoin, tant qu'il nous resterait un souffle de vie..... »

Le prince Louis Napoléon ne garda pas rancune au général Exelmans de son refus d'entrer en relation avec lui, lors de l'affaire de Strasbourg. Le général s'était retiré à Bayonne après la révolution de février 1848 ; il y fut surpris par une dépêche lui annonçant que le prince, devenu président de la République, venait de l'élever à la dignité de grand chancelier de la Légion d'honneur. Il fut nommé maréchal de France par décret du 11 mars 1851 et, lorsqu'après le coup d'État du 2 décembre, nommé président pour dix années, Louis Napoléon rétablit le Sénat par la Constitution du 14 janvier, le maréchal Exelmans fut appelé un des premiers à siéger dans cette haute assemblée. Il ne jouit pas longtemps de toutes ses dignités; en juillet 1852 il devait se rendre en voiture, avec un de ses amis et son fils Maurice, alors capitaine de frégate, chez la princesse Mathilde, qui habitait le pavillon de Breteuil, dans le parc de Saint-Cloud. Informé au moment du départ que l'ami ne pouvait se joindre à lui, le maréchal qui, malgré son grand âge (il avait alors 76 ans), avait conservé le goût et l'habitude du cheval, ordonna de dételer sa voiture et fit seller deux chevaux pour lui et pour son fils. Ils partirent ainsi tous les deux pour le parc de Saint-Cloud, par une belle soirée d'été; le vent, devenu tout à coup très violent, soulevait en tourbillon la poussière de la route : en arrivant à l'entrée du pont de Sèvres, le cheval que montait le maréchal fut heurté par une lourde voiture et rejeté sur le trottoir; effrayé, il se cabra violemment, et son cavalier en tombant se fracassa la tête sur l'angle du trottoir. Le maréchal fut transporté dans une maison voisine où la princesse Mathilde, immédiatement prévenue, s'empressa d'aller le visiter. Malgré les soins empressés dont il fut l'objet, il expira le 22 juillet à 3 heures du matin, dans les bras de son fils. Le 27 juillet, un service funèbre fut célébré solennellement en son honneur et en présence du prince-président de la République, dans l'église de l'hôtel des Invalides. Le cercueil qui contenait ses restes fut placé dans la crypte de cette église.

Par une singulière et fatale coïncidence, son fils Maurice, devenu vice-amiral et préfet maritime à Rochefort, après avoir commandé pendant la guerre de 1870 les marins venus à Strasbourg pour monter les chaloupes canonnières destinées à opérer sur le Rhin, périt comme son père à la suite d'une chute de cheval, le 25 juillet 1875. Le nom du maréchal Exelmans est inscrit au côté sud de l'Arc-de-Triomphe de l'Étoile ; il est encore porté dans l'armée par ses petits-fils, fils de l'amiral, l'un capitaine d'infanterie, breveté hors cadre, l'autre lieutenant de vaisseau. Un autre de ses petits-fils, fils du colonel de Sillègue, son gendre, est major au 20e régiment de chasseurs à cheval.

La mémoire laissée par le général Exelmans est celle d'un homme du plus noble et du plus ardent caractère. Les persécutions qu'il éprouva sous les deux Restaurations, son dévouement à l'Empereur vivant, sa fidélité envers la mémoire de l'Empereur mort ont rendu son nom populaire entre tous. Par suite des hasards de sa carrière, ayant été aide de camp de Murat et prisonnier en Angleterre, il n'eut que tardivement l'occasion de déployer ses talents comme général de cavalerie ; encore fut-il blessé en Russie aussitôt après avoir pris le commandement d'une division. Ses services comme général ne datent donc que de la seconde partie de la campagne de 1813, mais ses talents et sa réputation grandirent promptement, et si la chute de l'Empire n'était venue briser brusquement sa carrière, il fût parvenu sans nul doute à se placer au premier rang des chefs de cavalerie. Ses principaux titres de gloire furent, après le combat de Wertingen, la retraite qui suivit la bataille de la Katzbach, les batailles de Wachau, de Leipzig, de Hanau ; le commandement du 2ᵉ corps de cavalerie dans la marche de Bréda sur Meaux, le combat de Berry-au-Bac, les batailles de Craonne et d'Arcis-sur-Aube, les combats de Reims et de Saint-Dizier, la journée du 15 juin 1815, la bataille de Ligny, les combats des 18 et 19 juin, la défense de Namur et surtout ce combat de Vélizy-Rocquencourt ou plutôt de Versailles, qui fut comme le chant du cygne de la Grande-Armée.

Nancy, imp. Berger-Levrault et Cⁱᵉ.

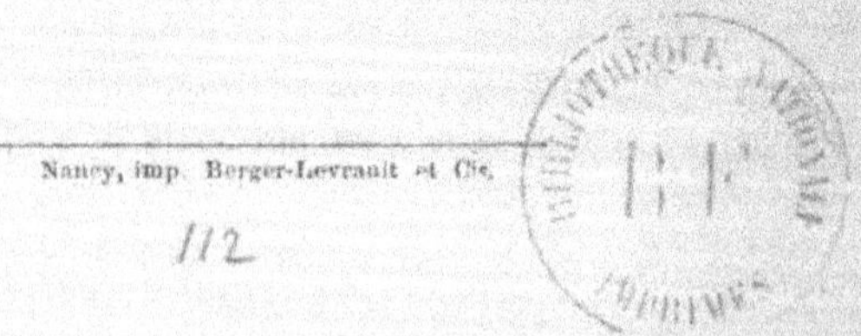